일본어 마스터로 가는 새로운 길라잡이

2ND EDITION

다락원 뉴코스 일본어

STEP 3

채성식 · 조영남 · 아이자와 유카 · 나카자와 유키 공저

다락원

머리말

"체계적, 단계적, 효율적인 일본어 학습을 위한 교재란?"

일본어 교재를 만들어 본 경험이 있는 사람이라면 누구나 한 번쯤은 고민해본 적이 있는 이 물음에서 저희 저자들도 자유로울 수 없었습니다. 하지만 저희가 내린 나름의 결론은,

"기본으로 돌아가자!"

였습니다.

'기본'이란 단어는 동전의 양면과도 같습니다. 그 사전적 정의만 놓고 보자면 이보다 더 쉬운 단어도 없겠으나 정작 '무엇'을 '기본'으로 다루어야 하는가라는 문제에 이르게 되면 이보다 난해한 단어도 없을 것이기 때문입니다. 막상 '기본으로 돌아가자'라는 방향성을 설정하고서도 '무엇'을 일본어 교재의 '기본'으로 삼아야만 하는가에 대해 다시금 진지하게 고민하지 않을 수 없었습니다.

최근의 일본어 교재는 실생활에서의 원활한 커뮤니케이션 능력 향상을 위한 문형·장면 중심의 구성이 트렌드를 이루고 있습니다. 이러한 유형의 교재는 학습자로 하여금 정해진 패턴의 문형과 장면을 집중적으로 학습하게 함으로써, 단기간 내에 일정 수준의 일본어 능력을 함양시킬 수 있다는 점에서 긍정적인 평가를 받고 있습니다. 하지만 한편으로는 단순 암기 위주의 학습법을 강요한다는 비판적인 시각 또한 존재하는 것이 사실입니다. 외국어 학습의 특성상 일정 부분 암기에 의존할 수밖에 없는 현실적인 제약을 인정한다고 하더라도 해당 외국어의 체계적, 단계적, 효율적인 학습을 저해하는 요소임에는 틀림이 없기 때문입니다.

이에 저희는 문형·장면을 단순히 제시·나열한 기존의 일본어 교재와는 달리 필수 학습 문법 사항을 학습자의 언어능력에 맞게 단계적으로 제시하여 문형·장면에 관련된 학습 내용을 유기적으로 습득할 수 있도록 「다락원 뉴코스 일본어」를 구성하였습니다. 더불어 최대한 학습자의 눈높이에 맞춰 반드시 숙지해야 할 내용과 그렇지 않은 내용을 선별 제시함으로써 학습 부담을 최소화하고자 노력하였습니다.

「다락원 뉴코스 일본어」가 세상의 빛을 본 지 근 10년 만에 이루어진 대대적인 개정판 작업에서는 특히 이러한 학습 편의성에 중점을 두어 학습자들이 효율적으로 일본어 학습에 몰입할 수 있도록 배려하였습니다.

아무쪼록 본 「다락원 뉴코스 일본어」가 국내 일본어 학습자들을 위한 친절한 길라잡이로 자리매김할 수 있기를 진심으로 바라마지 않으며, 초판부터 개정판 간행에 이르기까지 물심양면으로 성원해주신 ㈜다락원 정규도 대표이사님과 저희의 졸고를 옥고로 다듬어주신 일본어 출판부 여러분들께 감사의 말씀을 드립니다.

저자 일동

교재의 구성과 특징

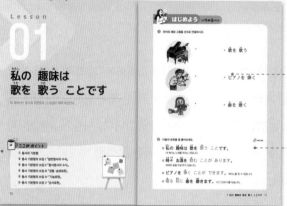

はじめよう

각 과에서 미리 알아 두면 좋은 단어를 그림으로 연결하여 쉽고 재미있게 접근하도록 하였다.

각 과에서 배울 내용의 주요 구문을 미리 제시하고, 특히 주의해서 볼 부분은 별색으로 표시하였다.

ここが ポイント

각 과에서 다룰 주요 문법 사항을 제시하고 있다.

よんでみよう

각 과의 문법 항목이 실제 회화 장면에서 어떻게 사용되고 있는가를 만화 형식을 빌려 알기 쉽게 제시하였고, 이를 통해 일본어의 회화 패턴과 일본 문화의 단면을 엿볼 수 있도록 하였다.

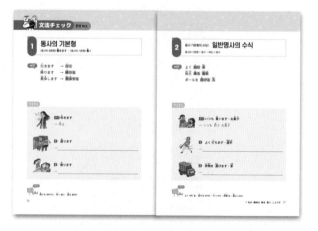

文法チェック

각 과에서 문법의 포인트가 되는 항목을 간략히 설명하고, 예문을 제시하였다. 그 후에 바로 그림을 활용한 문제를 통해 문형을 숙달할 수 있도록 하였다.

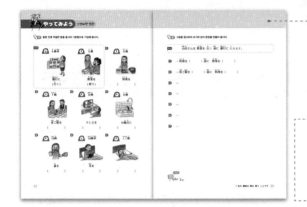

やってみよう

지금까지 배운 내용에 대한 복습을 겸하여 게임 형식을 빌려 즐겁게 일본어를 사용한 다양한 활동을 할 수 있도록 하였다.

はなしてみよう

각 과에서 배운 문법과 문형, 어휘 등을 활용하여 실제 회화 패턴을 연습할 수 있도록 하였다.

単語チェック

각 과에서 알아야 할 단어들을 테마별로 뽑아 정리하였다.
외운 단어를 체크할 수 있는 체크 박스를 마련해 두었다.

모범답안

각 과의 **はじめよう**, 연습문제, **やってみよう**, **はなしてみよう**의 모범답안을 상세하게 실었다.

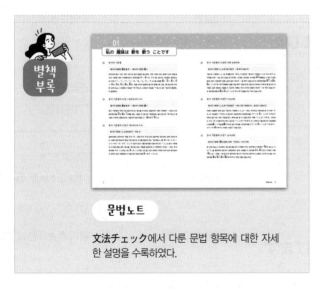

문법노트

文法チェック에서 다룬 문법 항목에 대한 자세한 설명을 수록하였다.

주요 학습 내용

차례

주요등장인물

金ジフ (22세)
<small>キム</small>
일본 가정에 홈스테이를 하면서 대학에 다니고 있다. 일본에서 취직하는 것이 꿈.

山下祐司 (19세)
<small>やましたゆう じ</small>
김지후, 린 메이와 같은 대학에 다니는 친구. 대학에서 경영학을 배우고 있다.

リン・メイ (21세)
중국에서 온 유학생. 졸업 후에 대학원에 진학할지 취직할지 고민 중.

田中春子(母)
<small>た なかはる こ</small>
전업주부. 드라마를 아주 좋아하며, 요리는 그다지 잘 하지 못한다. 40세.

田中康夫(父)
<small>た なかやす お</small>
회사원. 맥주를 좋아하지만, 최근 배가 나온 것을 신경 쓰고 있다. 43세.

田中ひろと
<small>た なか</small>
활달하고 밝은 초등학교 5학년. 야구를 아주 좋아한다. 12세.

Lesson

01

休みに 韓国に 帰ろうと 思います

この 課では 動詞の 意志形と 意思表現に ついて 学習する。

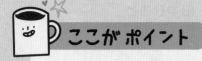 ここが ポイント

1 동사의 의지형
2 의사표현Ⅰ「～と思う」
3 의사표현Ⅱ「～つもりだ」
4 의사표현Ⅲ「～んだ」
5 의사표현Ⅳ「～てほしい」

❶ 단어와 해당 그림을 선으로 연결하시오.

　·

　　·　計画を　立てる

　·

　　·　手紙を　渡す

　·

　　·　迎えに　来る

❷ 다음의 표현을 잘 들어보세요.　🎵 MP3 02

○ 旅行の　計画を　立てようと　思います。
여행 계획을 세우려고 합니다.

○ この　手紙を　彼に　渡す　つもりです。
이 편지를 그에게 건넬 작정입니다.

○ 頭が　痛くて　行けなかったんです。
머리가 아파서 못 갔던 겁니다.

○ 駅まで　迎えに　来て　ほしいです。
역까지 마중하러 와 주길 바랍니다.

1 감기에 걸린 김지후를 린과 야마시타가 걱정하고 있다. ♪ MP3 **03**

TIP 일본의 약국

감기에 걸려 우선 약부터 먹는 게 좋겠다 싶을 때 찾는 약국. 그런데 일본의 약국은 병원에서 받는 처방전을 취급하는「薬局」와 일반 의약품을 판매하는「ドラックストア」로 나뉜다. 이 중「ドラックストア」는 약만 파는 것이 아니라 화장품도 팔고, 먹을거리도 팔고, 생활용품도 팔기 때문에 관광객이 많이 들르는 곳이기도 하다. 감기약은「風邪薬」, 안약은「目薬」, 두통약은「頭痛薬」라는 것도 알아 두면 좋겠다.

ダイアローグ1 회화 1

山下(やました) あれ、金(キム)さん、元気(げんき)ないですね。どうしたんですか。

金(キム) ああ、山下(やました)さん、リンさん。風邪(かぜ)を ひいたんです。

リン 熱(ねつ)が ありますね! どうして 病院(びょういん)に 行(い)かないんですか!

金(キム) 明日(あした)、ゼミの 発表(はっぴょう)なんです。時間(じかん)が なくて。

明日(あした)の ゼミ、中止(ちゅうし)に なって ほしいです…。

山下(やました) ぼくが 発表(はっぴょう)の 順番(じゅんばん)を 代(か)わります。早(はや)く 病院(びょういん)に 行(い)って

ください。

リン 近(ちか)くに いい 病院(びょういん)を 知(し)って いるんですが、そこに 行(い)き

ますか。

金(キム) はい。リンさん、山下(やました)さん、ありがとう。

山下(やました) 早(はや)く 治(なお)って ほしいですね。

ゼミ 세미나

発表(はっぴょう) 발표

順番(じゅんばん) 순번, 차례

2 야마시타와 김지후가 벚꽃이 핀 캠퍼스를 걸으며 진로에 대해 이야기하고 있다.

♪ MP3 **04**

TIP 일본의 학교들

고등학교를 졸업한 뒤 진학할 수 있는 일본의 학교에는 4년제 대학과 2년제 대학, 그리고 전문학교가 있다. 이중 한국과 다른 것은 전문학교라는 곳인데, 직업 활동에 필요한 실용적인 내용을 교육해 주는 곳이다. 실천적인 직업 교육, 기술 교육이 주된 교육의 목표이기 때문에 그 분야도 제과제빵, 디자인, 공학, 호텔업, 동물학, 어학, 의료 등으로 다양하다. 전문학교를 졸업하면 전문사(専門士)라는 칭호를 받을 수 있으며, 대학에 편입학이 가능해진다.

山下　金さん、大学卒業後は 韓国に 帰りますか。

金　いいえ。日本で 就職する つもりです。山下さんは。

山下　ぼくは、大学院に 行こうと 思って います。

金　大学院ですか。

山下　はい。もう少し 専門的な 研究を しようと 思って…。

金　へえ。専門的な 研究ですか…。

　　リンさんも、大学院に 行くと 言ってましたけど…。

　　リンさんと 一緒に 大学院に 通いたいんでしょう?

山下　ち、違いますよ!!

就職する 취직하다

大学院 대학원

専門的だ 전문적이다

1 동사의 의지형

동사의 종류	규칙	동사	의지형
1류 동사	어미 「う단」을 「お단」으로 바꾸고, 「う」를 붙임	行^いく	行^いこう
2류 동사	어미 「る」를 떼고, 「よう」를 붙임	見^みる	見^みよう
		食^たべる	食^たべよう
3류 동사	불규칙활용	する	しよう
		来^くる	来^こよう

예문
歩^{ある}く → 歩^{ある}こう

並^{なら}べる → 並^{なら}べよう

来^くる → 来^こよう

*동사의 의지형을 단독으로 쓸 때는 '~(하)자'라는 의미가 된다.
예 頑張^{がんば}ろう! 분발하자! いっしょに 行^いこう。 함께 가자.

단어

頑張^{がんば}る 분발하다

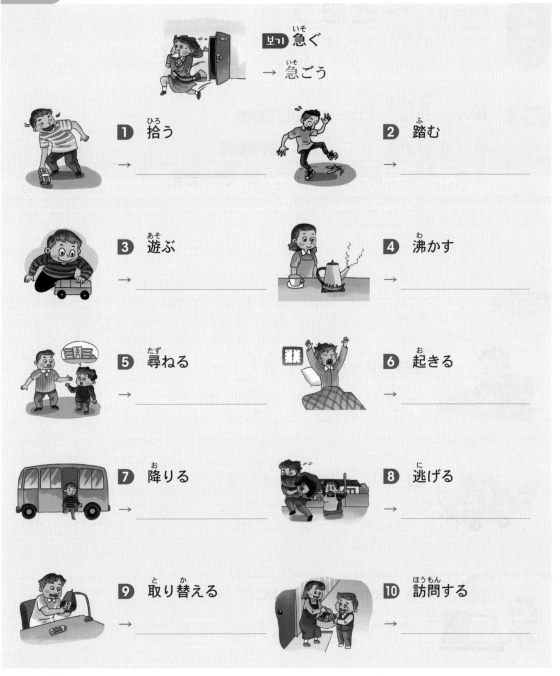

보기 急ぐ
→ 急ごう

1 拾う
→ _____

2 踏む
→ _____

3 遊ぶ
→ _____

4 沸かす
→ _____

5 尋ねる
→ _____

6 起きる
→ _____

7 降りる
→ _____

8 逃げる
→ _____

9 取り替える
→ _____

10 訪問する
→ _____

 단어
並べる 나란히 놓다 ┃ 拾う 줍다 ┃ 踏む 밟다 ┃ 沸かす 끓이다 ┃ 尋ねる 묻다 ┃ 逃げる 도망치다 取り替える 바꾸다
┃ 訪問する 방문하다

2 의사표현 I 〜と思_{おも}う

동사의 의지형 + と思_{おも}う (나는) 〜하려고 한다, 〜하고자 생각한다

예문
休_{やす}みに 韓国_{かんこく}に 帰_{かえ}ろうと 思_{おも}います。
旅行_{りょこう}の 計画_{けいかく}を 立_たてようと 思_{おも}います。
来週_{らいしゅう}、美術_{びじゅつ}の 展覧会_{てんらんかい}に 行_いこうと 思_{おも}います。

연습문제

보기 今日_{きょう}から 日記_{にっき}を 書_かく

→ 今日_{きょう}から 日記_{にっき}を 書_かこうと 思_{おも}います。

1 来月_{らいげつ} 郊外_{こうがい}に 引_ひっ越_こす

→ _____

2 子供_{こども}に ケーキを 焼_やいて あげる

→ _____

단어
計画_{けいかく} 계획 | 立_たてる 세우다 | 展覧会_{てんらんかい} 전람회 | 日記_{にっき} 일기 | 来月_{らいげつ} 다음 달 | 郊外_{こうがい} 교외 | 焼_やく 굽다

3 의사표현 Ⅱ 〜つもりだ

동사의 기본형＋つもりだ 〜할 생각이다, 〜할 작정이다

예문 明日 学校を 休む つもりです。

日曜日に 友達と 図書館に 行く つもりです。

もう お酒は 飲まない つもりです。

연습문제

보기 この 手紙を 彼に 渡します

→ この 手紙を 彼に 渡す つもりです。

❶ これからも 勉強を 続けます

→ _____

❷ 将来 父の 仕事を 手伝います

→ _____

단어

図書館 도서관 | 渡す 건네다 | 続ける 계속하다 | 失業 실업 | 知らせる 알리다 | 将来 장래

4 의사표현 Ⅲ ～んだ

- 명사·な형용사 ＋ な ┐
- 동사 보통체   ├ ＋んです ～인 것입니다(상대방에게 설명하거나 설명을 요구할 때)
- い형용사 ┘

예문

頭が 痛くて 行けなかったんです。

彼女は 政治家なんですか。

ちょっと 質問が あるんですが。

연습문제

보기 あの 虫が 怖いです

A どうしたんですか。

→ B あの 虫が 怖いんです。

1 ステレオの 音が 変です

→ _____

2 今朝から 食欲が ありません

→ _____

단어

政治家 정치가 | 虫 벌레 | 怖い 무섭다 | ステレオ 스테레오 | 音 소리 | 変だ 이상하다 | 食欲 식욕

20

5 의사표현 Ⅳ ～てほしい

동사의 て형 + ほしい　～해 주길 바란다, ～하길 바란다(상대방 및 제3자에 대한 희망)

예문
子供に 幸せに なっ**て** ほしいです。
駅まで 迎えに 来**て** ほしいです。
事務室の 掃除を 手伝っ**て** ほしいんですが。

연습문제

보기 明日 晴れる
→ 明日 晴れて ほしいです。

1 もっと まじめに 聞く

→ _____

2 お年寄りを 大切に する

→ _____

단어

幸せ 행복 | 迎える 맞이하다, 마중하다 | 事務室 사무실 | 晴れる 맑다 | まじめだ 성실하다 | お年寄り 노인

1 두 사람이 짝이 되어 그림을 보면서 보기와 같이 자유롭게 이야기해 봅시다.

보기

A : 何か あったんですか。

B : <u>宝くじに 当たった</u>んです。

1

A : 何か あったんですか。

B : _____んです。

2

A : 何か あったんですか。

B : _____んです。

3

A : 何か あったんですか。

B : _____んです。

2 가족이나 친구에게 바라는 것을 써 봅시다.

보기

私は 父に もっと 早く 帰って きて ほしいです。

→ 私は_____に_____て ほしいです。

→ 私は_____に_____て ほしいです。

→ 私は_____に_____て ほしいです。

→ 私は_____に_____て ほしいです。

두 사람이 짝이 되어 이야기해 봅시다.

보기

A：もう少し 駅の 近くに 引っ越そうと 思うんですが、どう 思いますか？

B：うーん。駅の 近くは 便利ですけど、夜遅くまで うるさいですよ。

A：そうですね。参考に します。ありがとうございます。

1 日本へ 留学します。

2 一人暮らしを します。

3 中古の 車を 買います。

参考 참고 ｜ 一人暮らし 혼자 삶 ｜ 中古 중고

はなしてみよう

 두 사람이 짝이 되어 보기와 같이 대화를 해 봅시다.

 MP3 **05**

보기

> ダイエットを します / もっと 朝早く 起きます
>
> **A** Bさん、今年の 目標は 何ですか。
>
> **B** 私は 今年 ダイエットを する つもりです。Aさんは。
>
> **A** 私は もっと 朝早く 起きる つもりです。
>
> **B** そうですか。お互い がんばりましょう。

1 英語の 勉強を 始めます / 資格を 取ります

2 たばこを 吸いません / お酒を 飲みすぎません

3 お金を ためます / 家を 買います

 당신이 계획 또는 예정하고 있는 것은 무엇입니까? 옆 사람과 자유롭게 이야기해 봅시다.

보기

> • 私は 来年 アメリカに 旅行に 行こうと 思って います。
>
> • そろそろ 結婚しようと 思って います。

_____

_____

_____

 단어

ダイエット 다이어트 | 今年 올해 | 目標 목표 | お互い 서로 | 資格を 取る 자격을 따다 | ためる 모으다
そろそろ 슬슬

알고 있는 단어들을 네모 안에 체크해 봅시다.

●● 1류동사

- □ ひろう(拾う)
- □ ふむ(踏む)
- □ やく(焼く)
- □ わかす(沸かす)
- □ わたす(渡す)

●● 2류동사

- □ しらせる(知らせる)
- □ たずねる(尋ねる)
- □ たてる(立てる)
- □ ためる
- □ つづける(続ける)
- □ とりかえる(取り替える)
- □ ならべる(並べる)
- □ にげる(逃げる)
- □ はれる(晴れる)
- □ むかえる(迎える)

●● 3류동사

- □ しゅうしょくする(就職する)
- □ ほうもんする(訪問する)

●● い형용사

- □ こわい(怖い)

●● な형용사

- □ へんだ(変だ)
- □ まじめだ

●● 부사

- □ そろそろ

●● 시간을 나타내는 단어

- □ ことし(今年)
- □ しょうらい(将来)
- □ らいげつ(来月)

●● 사람

- □ おとしより(お年寄り)
- □ せいじか(政治家)

●● 기타

- □ おたがい(お互い)
- □ おと(音)
- □ きょうかい(教会)
- □ けいかく(計画)
- □ こうがい(郊外)
- □ しあわせ(幸せ)
- □ しつぎょう(失業)
- □ しょくよく(食欲)
- □ じむしつ(事務室)
- □ じゅんばん(順番)
- □ ステレオ
- □ ゼミ
- □ ダイエット
- □ だいがくいん(大学院)
- □ てんらんかい(展覧会)
- □ にっき(日記)
- □ はっぴょう(発表)
- □ むし(虫)
- □ もくひょう(目標)

●● 숙어표현

- □ しかくを とる(資格を 取る)

02

天気（てんき）が いいと、富士山（ふじさん）が 見（み）えます

이 과에서는 가정형의 종류와 각각의 쓰임에 대해 학습한다.

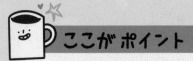 ここが ポイント

1 가정형 I 「〜と」

2 가정형 II 「〜と」

3 가정형 III 「동사의 ば형」

4 가정형 IV 「〜ば」

5 가정형 V 「〜たら」

6 가정형 VI 「〜なら」

① 단어와 해당 그림을 선으로 연결하시오.

• 富士山が 見える

• メモを する

• 別荘を 買う

② 다음의 표현을 잘 들어보세요. MP3 **06**

○ 天気がいいと、富士山が 見えます。
날씨가 좋으면 후지산이 보입니다.

○ メモをすれば、忘れません。 메모를 하면 잊지 않습니다.

○ 宝くじに当たったら、別荘を 買いたいです。
복권에 당첨되면 별장을 사고 싶습니다.

○ 旅行なら、ヨーロッパが いいですよ。
여행이라면 유럽이 좋아요.

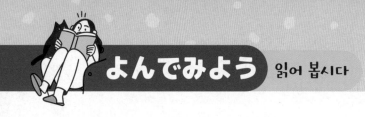

① 김지후는 유리에게 온 이메일을 읽고 있다.

MP3 **07**

TIP 초밥을 먹기 전에

초밥을 먹기 전에 물고기나 해산물의 이름을 알면 선택의 폭이 더욱 넓어진다. 그중 몇 가지만 알아보자면, 방어는 「ぶり」, 오징어는 「いか」, 연어알은 「いくら」, 피조개는 「あかがい」, 참치는 「マグロ」, 그 중에서 참치뱃살은 「大トロ」, 광어는 「ヒラメ」, 관자는 「ホタテ」, 연어는 「サーモン」, 새우는 「えび」이다. 군함 처럼 생긴 김말이는 「ぐんかんまき」라고 한다.

28

金_{キム}さんへ

元気_{げんき}ですか。私_{わたし}は 元気_{げんき}です。もう すぐ ゴールデンウィークで

すね。

実_{じつ}は、用事_{ようじ}が あって、来週_{らいしゅう} 日本_{にほん}に 帰_{かえ}る 予定_{よてい}なんですが…。

もし よければ、一緒_{いっしょ}に 食事_{しょくじ}でも どうですか。

私_{わたし}の 知_しり合_あいが 経営_{けいえい}する おいしい お店_{みせ}が あるんです。

お寿司_{すし}が 好_すきなら、絶対_{ぜったい} おすすめです！

お店_{みせ}に 行_いくと、いつも 安_{やす}く して くれるんですよ。

人気_{にんき}の ある 店_{みせ}ですが、午前中_{ごぜんちゅう}に 行_いけば、待_またないで 食_たべられ

ると 思_{おも}います。

日本_{にほん}に 着_ついたら また 連絡_{れんらく}しますね！

では。

ゆり

단어

ゴールデンウィーク 황금연휴	**経営_{けいえい}する** 경영하다
予定_{よてい} 예정	**絶対_{ぜったい}** 절대
知_しり合_あい 아는 사람	

2 김지후는 유리에게 이메일로 답장을 보내고 있다. 🎵MP3 **08**

① ゆりさんへ

② メール ありがとうございます。

③ 日本に 帰って くるんですね！

④ 日本に 来たら、ぜひ 会いましょう。

⑤ お寿司、いいですね。大好きです。

⑥ それから、もし 時間が あったら、動物園に 行きませんか。
動物が 好きじゃ なかったら、遊園地でも いいです！
遊園地が 遠かったら、映画でも いいです。
ゆりさんと 一緒だったら、どこでも 楽しいと 思います。

⑦ 私は 平日だったら いつでも 暇です。^^
楽しみに 待って います！

 TIP 유원지에 간다면

일본에서 유원지를 간다면 어디가 좋을까? 도쿄부터 보자면, 도쿄 디즈니랜드를 첫손으로 꼽는다. 도심에서 살짝 비켜 있어 드넓은 부지에 다양한 놀거리와 볼거리가 있는 것이 특징이다. 시내 한복판에 있는 유원지를 찾는다면 도쿄 돔 시티도 있다. 오사카에는 유니버셜 스튜디오 재팬이 있는데, 도쿄 디즈니랜드가 어린이에 좀 더 초점이 맞춰져 있다면 유니버셜 스튜디오는 어른이 즐기기에도 안성맞춤인 놀이기구들이 많다.

30

ゆりさんへ

メール ありがとうございます。日本に 帰って くるんですね！

日本に 来たら、ぜひ 会いましょう。お寿司、いいですね。

大好きです。

それから、もし 時間が あったら、動物園に 行きませんか。

動物が 好きじゃ なかったら、遊園地でも いいです！

遊園地が 遠かったら、映画でも いいです。

ゆりさんと 一緒だったら、どこでも 楽しいと 思います。

私は 平日だったら いつでも 暇です。

楽しみに 待って います！

平日 평일

文法チェック 문법 체크

1 가정형 I ～と (확실한 상황에 대한 가정)

필연적, 항상적인 원인과 결과

- 동사 기본형
- い형용사 기본형
- な형용사 어간 + だ
- 명사 + だ

＋ と ～하면

예문

春に なると、花が 咲きます。

あの 角を 右に 曲がると、交番が あります。

天気が いいと、富士山が 見えます。

연습문제

보기 この スイッチを 押します・電気が つく

→ この スイッチを 押すと、電気が つきます。

1 梅雨が 終わります・暑く なる

→ _____

2 信号が 赤です・渡れない

→ _____

단어

角 모퉁이 ｜ 右 오른쪽 ｜ 曲がる 돌다 ｜ 交番 파출소 ｜ 富士山 후지산 ｜ 見える 보이다 ｜ スイッチ 스위치 ｜
電気が つく 불이 켜지다 ｜ 梅雨 장마 ｜ 渡る 건너다

2 가정형 II ～と (조건절과 뒷문장 사이의 시간적 순서)

동사의 기본형 + と、～ ～하니(하자), ～

예문
窓を 開けると、大きな 湖が 見えました。
玄関を 出ると、財布が 落ちて いました。
机の 上を 見ると、彼女からの 手紙が ありました。

연습문제

보기 箱の 中を のぞきます・猫が 寝て いた

→ 箱の 中を のぞくと、猫が 寝て いました。

1 講堂を 出ます・友達が 待って いた

→ _____

2 屋上に 上がります・虹が 見えた

→ _____

단어

湖 호수 | 玄関 현관 | のぞく 들여다보다 | 講堂 강당 | 屋上 옥상 | 上がる 올라가다 | 虹 무지개

동사의 종류	규칙	동사	ば형
1류 동사	어미를 「え단」으로 바꾸고 「ば」를 붙임	行^いく	行^いけば
2류 동사	어미 「る」를 「れ」로 바꾸고 「ば」를 붙임	見^みる	見^みれば
3류 동사	불규칙활용	する	すれば
		来^くる	来^くれば

예문 包^{つつ}む → 包^{つつ}めば   比^{くら}べる → 比^{くら}べれば   する → すれば

연습문제

보기 空^あく

→ 空^あけば

1 借^かりる

→ _____

2 来^くる

→ _____

단어

包^{つつ}む 싸다, 포장하다 ｜ 比^{くら}べる 비교하다 ｜ 空^あく 비다

34

4 가정형 Ⅳ ～ば (선택상황에 대한 가정)

조건절이 뒷문장이 성립하기 위한 필수조건
- 동사 ば형
- い형용사 어간 + ければ
- な형용사 어간 + ならば ── ～하면
- 명사 + なら(ば)

예문

速く 走れば、間に合います。

都合が よければ、行きます。

夜なら(ば)、家に います。

연습문제

보기 機会が ある・会いたい

→ 機会が あれば、会いたいです。

① メモを する・忘れない

→ _____

② 使い方が 簡単だ・子供でも 使える

→ _____

단어

都合 사정 ┃ 機会 기회 ┃ メモ 메모

5 가정형 V ～たら (불확실한 상황·확실한 상황에 대한 가정)

조건절이 뒷문장이 성립하기 위한 전제조건

- 동사 과거형 + たら
- い형용사 어간 + かったら
- な형용사 어간 + だったら
- 명사 + だったら

└ ～하면

예문

宝くじに 当たったら、別荘を 買いたいです。

残業が なかったら、飲みに 行きませんか。

向こうに 着いたら、すぐ 連絡して ください。

연습문제

보기 女の子だ・「ゆい」という 名前を つける

→ 女の子だったら、「ゆい」という 名前を つけます。

1 景色が いい・写真を 撮る つもりだ

→ _____

2 この 番組が 終わる・食事に 行こうと 思う

→ _____

단어

別荘 별장 | 残業 잔업 | 向こう 저쪽, 그쪽 | 名前を つける 이름을 짓다 | 景色 경치 | 番組 프로그램

6 가정형 VI ～なら (한정상황에 대한 가정)

- 동사 기본형
- い형용사 기본형
- な형용사 어간
- 명사

+ なら ～라면

예문

旅行なら、ヨーロッパが いいですよ。

デパートに 行くなら、一緒に 行きましょう。

明日が 無理なら、あさってまでに 出して ください。

연습문제

보기 A : 温泉に行きたい / B : 別府がいい

→ A : 温泉に 行きたいんですが…。

B : 温泉なら、別府が いいですよ。

別府

1 A : 封筒が ない / B : その 引き出しに 入って いる

→ _____

2 A : ガソリンスタンドを 探して いる / B : 病院の 前に ある

→ _____

단어

ヨーロッパ 유럽 | あさって 모레 | 別府 벳부〈지명〉 | 封筒 봉투 | 引き出し 서랍 | ガソリンスタンド 주유소

やってみよう　심리테스트 / 어떻게하면?

1 그룹을 만들어 다음 질문에 대해 자유롭게 이야기해 봅시다.

❶ 公園で 子供たちが 水遊びを して います。あなたが 近くを 通ると、水が かかって しまいました。どこに かかりましたか。

→ _____

❷ たい焼きを 食べるなら、どこから 食べますか。一番 近いものを 一つ 選んでください

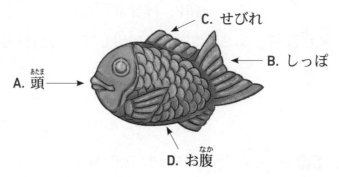

A. 頭　C. せびれ　B. しっぽ　D. お腹

→ _____

❸ あなたは、牛、馬、猿、虎、羊の 5匹の 動物と 一緒に 住んで います。
しかし、この 中の 4匹を 捨てなくては いけません。
あなたが 1匹だけ 選ぶなら、どれを 選びますか。

→ _____

_____

※ 심리테스트 풀이는 모범답안을 확인하세요.

단어　すると 그랬더니, 그러자 | 風船 풍선 | 牛 소 | 馬 말 | 猿 원숭이 | 虎 호랑이 | 羊 양 | ～匹 ～마리
しかし 그러나, 하지만 | 選ぶ 고르다

옆 사람과 짝이 되어 자유롭게 이야기해 봅시다.

質問1

どうすれば、日本語が 上手に なりますか。

_____ば 日本語が 上手に なります。

質問2

どうすれば、疲れが 取れますか。

_____ば 疲れが 取れます。

質問3

どうすれば、希望の 会社に 入れますか。

_____ば 希望の 会社に 入れます。

質問4

どうすれば お金を 節約できますか。

_____ば お金を 節約できます。

質問5

どうすれば 新しい 友達を 作ることが できますか。

_____ば 新しい 友達を 作ることが できます。

質問6

どうすれば いやな ことを 忘れられますか。

_____ば いやな ことを 忘れられます。

단어

忘る 돌아가다 | 疲れが 取れる 피로가 풀리다 | ～ヶ月 ～개월

🔖 자신에 대해서 자유롭게 이야기해 봅시다.

1 もし、「どこでも ドア」が あったら、どこへ 行^いきますか。何^{なに}を しますか。

→ _____

_____

_____

2 もし、昔^{むかし}に 戻^{もど}れたら、いつに 戻^{もど}りますか。何^{なに}を しますか。

→ _____

_____

_____

単語チェック
단어체크

알고 있는 단어들을 네모 안에 체크해 봅시다.

●● 1류동사
- ☐ あがる(上がる)
- ☐ あく(空く)
- ☐ えらぶ(選ぶ)
- ☐ つつむ(包む)
- ☐ のぞく
- ☐ まがる(曲がる)
- ☐ わたる(渡る)

●● 2류동사
- ☐ くらべる(比べる)
- ☐ みえる(見える)

●● 3류동사
- ☐ けいえいする(経営する)

●● 접속사
- ☐ しかし
- ☐ すると

●● 시간을 나타내는 단어
- ☐ あさって

●● 건물
- ☐ ガソリンスタンド
- ☐ こうどう(講堂)
- ☐ こうばん(交番)
- ☐ べっそう(別荘)

●● 동물
- ☐ うし(牛)
- ☐ うま(馬)
- ☐ さる(猿)

- ☐ とら(虎)
- ☐ ひつじ(羊)

●● 날씨
- ☐ つゆ(梅雨)
- ☐ にじ(虹)

●● 기타
- ☐ おくじょう(屋上)
- ☐ きかい(機会)
- ☐ かど(角)
- ☐ けしき(景色)
- ☐ げんかん(玄関)
- ☐ ゴールデンウィーク
- ☐ ざんぎょう(残業)
- ☐ しりあい(知り合い)
- ☐ ぜったい(絶対)
- ☐ つごう(都合)
- ☐ ばんぐみ(番組)
- ☐ ひきだし(引き出し)
- ☐ ふうせん(風船)
- ☐ ふうとう(封筒)
- ☐ へいじつ(平日)
- ☐ みずうみ(湖)
- ☐ むこう(向こう)
- ☐ よてい(予定)
- ☐ ヨーロッパ

●● 숙어표현
- ☐ なまえを つける(名前を つける)
- ☐ つかれが とれる(疲れが 取れる)

03

ろうそくの 火<ひ>が 消<き>え そうです

この 과에서는 양태·전언표현 「そうだ」와 양태표현 「らしい」에 대해 학습한다.

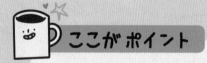
ここが ポイント

1. 양태·추량표현 Ⅰ「そうだ Ⅰ」
2. 양태·추량표현 Ⅱ「そうだ Ⅱ」
3. 전언표현「そうだ Ⅲ」
4. 양태·추량표현 Ⅲ「らしい」

① 단어와 해당 그림을 선으로 연결하시오.

・

・ 火^ひが 消^きえる

・

・ 電車^{でん しゃ}が 込^こむ

・

・ 経営学^{けい えい がく}を 専攻^{せん こう}する

② 다음의 표현을 잘 들어보세요. ♪ MP3 **09**

○ ろうそくの 火^ひが 消^きえそうです。 촛불이 꺼질 것 같습니다.

○ 今日^{きょう}は 雨^{あめ}が 降^ふりそうに ありません。
오늘은 비가 내릴 것 같지 않습니다.

○ この 時間^{じ かん}の 電車^{でん しゃ}は とても 込^こむそうです。
이 시간의 전철은 아주 붐빈다고 합니다.

○ 金^{キム}さんは 経営学^{けい えい がく}を 専攻^{せん こう}して いる らしいです。
김 씨는 경영학을 전공하고 있는 것 같습니다.

1 린, 김지후, 야마시타는 밥 먹을 곳을 찾고 있다.

🎵 MP3 **10**

① ここは
どうですか。

② ちょっと
高(たか)そうですね…。

③ お腹(なか)が すいて、
倒(たお)れそうです。
早(はや)く 入(はい)りましょう。

④ うわー。
おいしそう!!

⑤ ごちそうさまでした。

⑥ もう、今月(こんげつ)の
おこづかいが
なくなりそうです。

⑦ ぼくも…。

 TIP 저가(格安) 이탈리아 요리

이탈리아 요리, 라는 말을 들으면 약간 고급스러운 이미지를 떠올릴지도 모른다. 물론 고급 이탈리아 요리를 취급하는 가게도 굉장히 많지만,「格安(かくやす)」를 내세운 이탈리아 요리 체인점도 많아 언제나 젊은층이나 가족 단위 손님들로 북적인다. 금전적으로 여유롭지 않지만 이탈리아 요리를 먹고 싶을 때에는 꼭 한번 이용해 보는 건 어떨까?

リン　ここは どうですか。

金（キム）　ちょっと 高（たか）そうですね…。

リン　お腹（なか）が すいて、倒（たお）れそうです。早（はや）く 入（はい）りましょう。

3人（にん）　うわー。おいしそう!!

3人（にん）　ごちそうさまでした。

金（キム）　もう、今月（こんげつ）の おこづかいが なくなりそうです。

山下（やました）　ぼくも…。

倒（たお）れる 쓰러지다

今月（こんげつ） 이번 달

おこづかい 용돈

② 쇼핑센터에서 윈도우 쇼핑을 하면서 이야기하고 있다. 🎵 MP3 11

① ニュースで 見たんですけど、日本も 就職が 厳しいそうですね。

② はい。でも、留学生の 採用は 増えて いるそうですよ。

③ 日本人より 外国人を 多く 採用する 企業も あるそうです。

④ 本当ですか!?

⑤ あれ、うれしそうですね。リンさん、就職し ないんでしょう？

⑥ うーん。でも、採用が 多いなら、就職した ほうが いいかも しれませんね。

⑦ いや、でも、うちの 大学院、すごく いいらしいですよ。就職にも 有利…らしいです。

⑧ じゃあ、もう少し、考えて みます。

💬 **TIP** 일본 학생의 취업준비

일본 대학생의 경우, 3학년 무렵부터 취업 준비를 시작한다. 기업에서 인턴 실습을 하거나, 자기분석이나 기업 연구를 통해 희망하는 직종을 발견하고, 설명회에 참가하는 등 취업을 위한 준비기간을 가진다. 4학년 진학을 앞둔 시기에는 본격적으로 면접이 시작되어, 4~6월 경에는 사전 합격발표인 「内定」가 나오기 시작 한다. 「内定」를 받지 못한 채 졸업하는 경우는 5%도 채 안된다고 한다.

リン　ニュースで　見たんですけど、日本も　就職が　厳しいそう
　　　です(ね)。

山下　はい。でも、留学生の　採用は　増えて　いるそうですよ。
　　　日本人より　外国人を　多く　採用する　企業も　あるそうです。

リン　本当ですか!?

金　　あれ、うれしそうですね。リンさん、就職しないんでしょ
　　　う?

リン　うーん。でも、採用が　多いなら、就職した　ほうが　いい
　　　かも　しれませんね。

山下　いや、でも、うちの　大学院、すごく　いいらしいですよ。
　　　就職にも　有利…らしいです。

リン　じゃあ、もう少し、考えてみます。

採用 채용
企業 기업
有利だ 유리하다

1 양태·추량표현 I そうだ I (가능성에 대한 판단)

- 〈긍정형〉 동사의 ます형 + そうです ~할 것 같습니다
- 〈부정형〉 동사의 ます형 + そうに ありません ~할 것 같지 않습니다

* 부정형에는 「동사의 ない형 + な(さ)そうだ」의 형태도 있다. 「~そうにない」가 화자의 부정하는 마음이 더 강하다.

예문

今日は 雨が 降りそうです。

ろうそくの 火が 消えそうです。

次の バスは なかなか 来そうに ありません。

연습문제

보기 袋・破れる

→ 袋は 破れそうです。

→ 袋は 破れそうに ありません。

1 明日・晴れる

→ _____

→ _____

2 パーティー・始まる

→ _____

→ _____

단어

ろうそく 양초 | 火 불 | 消える 꺼지다 | 次 다음 | なかなか~ない 좀처럼 ~지 않다 | 袋 자루, 봉지
破れる 찢어지다 | 始まる 시작되다

2 양태·추량표현 II　そうだ II　(자신의 감각을 통한 주관적 판단)

- 〈긍정형〉 い형용사의 어간
  な형용사의 어간 ⎤ + そうです　~인(일) 것 같습니다
- 〈부정형〉 い형용사의 어간 + く
  な형용사의 어간 + では ⎤ + なさそうです　~지 않을 것 같습니다

예문

隣の クラスの 先生は 厳しそうです。

田中さんの お子さんは とても 元気そうです。

駅から 遠くて、あまり 便利では なさそうです。

연습문제

보기 この 池・深い

→ この 池は 深そうです。

→ この 池は 深く なさそうです。

1 この 牛肉・柔らかい

→ _____

→ _____

2 この 糸・丈夫だ

→ _____

→ _____

단어

クラス 반 │ 厳しい 엄하다 │ お子さん 자녀분, 자제분 │ 池 연못 │ 深い 깊다 │ 牛肉 소고기 │ 柔らかい 부드럽다
糸 실

3 전언표현 そうだ III

・동사의 보통체
・い형용사의 보통체
・な형용사의 보통체　＋そうです　～(라)고 합니다
・명사 ＋ だ

 예문

この 店^{みせ}の ケーキは おいしいそうです。

天気予報^{てんきよほう}に よると、明日^{あした} 台風^{たいふう}が 来^くるそうです。

火事^{かじ}の 原因^{げんいん}は たばこの 火^ひだそうです。

연습문제

B2

보기 食料品^{しょくりょうひん} 売^うり場^ばは 地下^{ちか} 2階^{かい}です

→ 食料品 売り場は 地下 2階だそうです。

❶ 部長^{ぶちょう}は 風邪^{かぜ}で 参加^{さんか}できません

→ _____

満員

❷ この 時間^{じかん}の 電車^{でんしゃ}は とても 込^こみます

→ _____

 단어

台風^{たいふう} 태풍 ｜ 原因^{げんいん} 원인 ｜ 食料品^{しょくりょうひん} 식료품 ｜ 売^うり場^ば 매장 ｜ ～階^{かい} ～층 ｜ 部長^{ぶちょう} 부장(님) ｜ 参加^{さんか} 참가 ｜ 込^こむ 붐비다

4

양태 · 추량표현 Ⅲ **らしい** (자신의 감각을 통한 주관적 판단)

- 동사의 보통체
- い형용사의 보통체
- な형용사의 어간(현재)   + らしいです (들은 바에 의하면) ~인 것 같습니다
  *な형용사의 보통체(과거, 부정)
- 명사

예문

金さんは 経営学を 専攻して いるらしいです。

この 町は 工業が とても 盛んらしいです。

それは 木村さんの スーツケースらしいです。

연습문제

보기 もうすぐ 子供が 生まれます

→ もうすぐ 子供が 生まれるらしいです。

1 その 交差点は 事故が とても 多いです

→ _____

2 部長は 運転免許を 持って いません

→ _____

단어

工業 공업 | 盛んだ 번성하다 | スーツケース 여행용 소형 가방 | 生まれる 태어나다 | 経営学 경영학
専攻する 전공하다 | 交差点 교차로 | 事故 사고 | 免許 면허

1 신문을 읽고 옆 사람에게 내용을 전달해 보기와 같이 이야기해 봅시다.

ニューコース新聞

ラーメンの自動販売機

東京駅の前に、ラーメンの自動販売機が設置されました。いつでもおいしいラーメンが食べられると人気です。

パンダの赤ちゃんが誕生しました！

いつでもおいしいラーメンが食べられると人気です。

小学校1年生の なりたい 職業

男の子　1位　サッカー選手
女の子　1位　イラストレーター

보기
A　さっき 新聞で 読んだんですけど、＿＿＿＿＿＿そうですよ。

B　へえ、知りませんでした。

 단어

自動販売機 자동판매기 ｜ 設置 설치 ｜ 小学校 초등학교 ｜ ～年生 ～학년 ｜ パンダ 판다 ｜ 上野 우에노〈지명〉

 그림을 보고 아래 어휘를 참고하면서 인상을 비교해 봅시다.

① 佐藤さん

② 吉田さん

③ 田中さん

참고 어휘	人気が ある	お金持ち	やさしい	プライドが 高い
	気が 強い	おとなしい	明るい	スポーツが 得意

보기

佐藤さんは、元気そうです。

① _____

② _____

③ _____

はなしてみよう　말해 봅시다

두 사람이 짝이 되어 보기와 같이 대화를 해 봅시다.

 MP3 **12**

보기

世界（せかい）で 一番（いちばん） ティッシュを 使（つか）うのは 日本人（にほんじん）

A Bさん、知（し）ってますか。

B 何（なん）ですか。

A 世界（せかい）で 一番（いちばん） ティッシュを 使（つか）うのは 日本人（にほんじん）らしいですよ。

B 本当（ほんとう）ですか。

A わかりませんが、そう 聞（き）きました。

1 朝（あさ） 運動（うんどう）するより、夜（よる） 運動（うんどう）する ほうが 健康（けんこう）に いい。

2 宝（たから）くじに 当（あ）たる 確率（かくりつ）よりも、雷（かみなり）に 当（あ）たる 確率（かくりつ）の 方（ほう）が 高（たか）い。

3 1円玉（えんたま）を 作（つく）る ためには 3円（えん） かかる。

4 日本（にほん）には コンビニより たくさん 歯医者（はいしゃ）が ある。

5 (自由（じゆう）に話（はな）してください)

　단어

健康（けんこう） 건강 ｜ 確率（かくりつ） 확률

54

알고 있는 단어들을 네모 안에 체크해 봅시다.

●● 1류동사

- [ ] こむ(込む)
- [ ] たまる
- [ ] はじまる(始まる)

●● 2류동사

- [ ] うまれる(生まれる)
- [ ] きえる(消える)
- [ ] たおれる(倒れる)
- [ ] やぶれる(破れる)

●● 3류동사

- [ ] せんこうする(専攻する)

●● い형용사

- [ ] きびしい(厳しい)
- [ ] ふかい(深い)
- [ ] やわらかい(柔らかい)

●● な형용사

- [ ] さかんだ(盛んだ)
- [ ] ゆうりだ(有利だ)

●● 시간을 나타내는 단어

- [ ] こんげつ(今月)

●● 음식

- [ ] ぎゅうにく(牛肉)
- [ ] しょくりょうひん(食料品)

●● 사람

- [ ] おかねもち(お金持ち)
- [ ] おこさん(お子さん)

- [ ] ぶちょう(部長)

●● 기타

- [ ] あたま(頭)
- [ ] いけ(池)
- [ ] いと(糸)
- [ ] うりば(売り場)
- [ ] うわさ
- [ ] おおあめ(大雨)
- [ ] おこづかい
- [ ] クラス
- [ ] きぎょう(企業)
- [ ] けいえいがく(経営学)
- [ ] げんいん(原因)
- [ ] こうぎょう(工業)
- [ ] こうさてん(交差点)
- [ ] さいよう(採用)
- [ ] さんか(参加)
- [ ] じこ(事故)
- [ ] しょうがっこう(小学校)
- [ ] スーツケース
- [ ] たいふう(台風)
- [ ] つぎ(次)
- [ ] にんき(人気)
- [ ] ひ(火)
- [ ] ふくろ(袋)
- [ ] めんきょ(免許)
- [ ] ろうそく

●● 숙어표현

- [ ] なかなか～ない

Lesson

04

今朝(けさ) 雨(あめ)が 降(ふ)ったよう
です

이 과에서는 「ようだ, みたいだ, はずだ」 등과 같은 표현에 대해 학습한다.

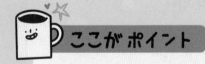 **ここが ポイント**

① 양태·추량표현 Ⅳ 「ようだ Ⅰ」

② 양태·추량표현 Ⅴ 「みたいだ」

③ 비유표현 「ようだ Ⅱ」

④ 판단표현 「はずだ」

① 단어와 해당 그림을 선으로 연결하시오.

•

• パンが　固^{かた}い

•

• 体^{からだ}が　弱^{よわ}い

•

• はがきが　届^{とど}く

② 다음의 표현을 잘 들어보세요.　 MP3 **13**

○ 今朝^{けさ}　雨^{あめ}が　降^ふったようです。 오늘 아침 비가 왔던 것 같습니다.

○ この　パンは　固^{かた}くて　まるで　石^{いし}のようです。
이 빵은 딱딱해서 마치 돌 같아요.

○ 隣^{となり}の　お子^こさんは　体^{からだ}が　弱^{よわ}いみたいです。
옆집 아이는 몸이 약한 것 같습니다.

○ 先週^{せんしゅう}　はがきを　出^だしたから、今週^{こんしゅう}　届^{とど}くはずです。
지난주 엽서를 보냈기 때문에 이번 주 도착할 예정입니다.

1 야마시타가 김지후에게 전화를 하고 있다. ♪ MP3 14

TIP 전화에 안 나와

전화를 끊을 때 흔히 '들어가세요'라고 한다. 이는 전화가 처음 도입되었을 때 생긴 표현인데, 전화 속으로 사람이 들고 나는 것으로 생각한 데서 빚어진 말이다. 일본 역시 비슷하게 표현하는 것이 있고, 그것은 '전화를 받다'라고 할 때 「出る(나오다)」라는 단어를 쓰는 데에서 볼 수 있다. 전화'를' 나오다(電話「を」出る)가 아닌, 전화'에' 나오다(電話「に」出る)라고 표현한다는 점에 주의한다.

山下　金さん、出ませんね。忙しいみたいですね。

　　　あれ、金さんじゃ ないですか。

リン　まるで、子供みたいですね〜。

リン・山下　金さーーん。

山下　就職説明会？ 何ですか、それ。

金　ああ、留学生の ための 説明会です。

　　日本の 企業が 50社ぐらい 集まるみたいですよ。

リン　へえ。面白そうですね。私も 一緒に 行って いい

　　　ですか。

山下　ぼくも！

金　え、山下さん、留学生じゃ ないですよね…。

② 김지후, 린, 야마시타는 취직설명회장을 찾고 있다.

MP3 15

외국인 유학생을 채용하고자 하는 기업이 모여 합동 기업 설명회를 개최하는 경우가 있다. 시기는 3월 경이 많다고 한다. 복장 제한이 없는 경우에는 정장 차림이 무난하다. 사복으로 지정된 경우에도 너무 캐주얼하거나 화려한 차림은 바람직하지 않다. 만화에 나오는 린의 분홍색 상하의는 실제로는 조금 화려하게 느껴질 수 있다.

金　あ、そういえば、今日は ゼミの 日でしたね!!

リン　あ、すっかり 忘れて いました。でも、今日は 行けそう
　　　に ないですね。

金　そうですね。じゃあ、私が 先生に 連絡しますね。

教授　「金さん、就職活動 がんばって いるようですね。
　　　今日は、いろいろと 勉強して きて ください。」

金　この 辺に あるはずなんですけど…。

山下　あ、あそこじゃないですか。

リン　みんな 優秀そうですね…。私、自信が なくなって
　　　きました。

金　大丈夫ですよ。私たちに ぴったりの 会社が きっと
　　　あるはずです。

단어

すっかり 완전히	**優秀だ** 우수하다
活動 활동	**自信** 자신
辺 근처, 근방	**ぴったり** 꼭, 딱

1 양태·추량표현 Ⅳ ようだ Ⅰ (객관적인 근거에 의한 판단)

- 동사 보통체
- い형용사 보통체
- な형용사 어간 + な
- 명사 + の

+ ようです ~인 것 같습니다

예문

道が ぬれて います。今朝 雨が 降ったようです。

彼から 全然 連絡が ありません。忙しいようです。

電気が 消えて います。どうやら 彼女は 留守のようです。

연습문제

보기 飛行機は 到着が 遅れます

→ 飛行機は 到着が 遅れるようです。

❶ 美容院は 休みです

→ _____

❷ その 地域は 危険です

→ _____

단어

ぬれる 젖다 | 全然 전혀 | どうやら 아무래도 | 到着 도착 | 美容院 미용실, 미장원 | 地域 지역 | 危険だ 위험하다

2 양태·추량표현 V　みたいだ (주로 회화체에서 사용)

- 동사 보통체
- い형용사 보통체
- な형용사 어간(현재)
  * な형용사의 보통체(과거, 부정)
- 명사

　+ みたいです　～인 것 같습니다

예문

新しい 図書館が できた**みたいです**。

都会の 生活は とても 厳しい**みたいです**。

どうやら あの 女性が 先生の 奥さん**みたいです**。

연습문제

보기 映画は まだ 続きます

→　映画は まだ 続く**みたいです**。

1 隣の お子さんは 体が 弱いです

→ _____

2 いくら 言っても 無駄です

→ _____

단어

奥さん 부인(남의 아내) | 続く 계속되다 | 弱い 약하다 | いくら ～ても 아무리 ～해도 | 無駄だ 소용없다

3 비유표현 ようだ Ⅱ

〜のように 〜와 같이 + 동사/な형용사/い형용사

のような 〜와 같은+명사

명사 + のようだ 〜와 같다

* 회화체에서는 주로 みたいだ를 사용하며, 명사에 접속할 경우에는 명사+みたいだ로 사용함.

예문
この 街は 絵の**ように** 美しいです。

夢の 中に いる**ような** 気持ちに なりました。

まるで 本物の ダイヤの**ようです**。

연습문제

보기 この パンは 固い・石

→ この パンは 固くて まるで 石のようです。

1 この 車は 小さい・子供の 乗り物

→ ＿＿＿＿＿＿＿＿＿＿＿＿＿＿＿＿＿＿

2 李さんは スタイルが いい・モデル

→ ＿＿＿＿＿＿＿＿＿＿＿＿＿＿＿＿＿＿

단어
街 거리 | 美しい 아름답다 | まるで 마치 | 本物 진품, 진짜 | ダイヤ 다이아몬드 | 固い 딱딱하다 | 石 돌
乗り物 탈것 | スタイル 스타일

64

4 판단표현 はずだ (강한 주관적 판단)

- 동사 보통체
- い형용사 보통체
- な형용사 어간 + な(현재)
  *な형용사의 보통체(과거, 부정)
- 명사 + の

+ はずです ~임에 틀림없습니다, ~일 것입니다

예문

彼は もうすぐ 来るはずです。

その 電話番号は 正しいはずです。

現場の 状況から 見て、犯人は 左利きのはずです。

연습문제

보기 先週 はがきを 出しました・今週 届きます

→ 先週 はがきを 出したから、今週 届くはずです。

1 この 作品は ベストセラーです・面白いです

→ _____

2 林さんは 書道を 習って いました・字が 上手です

→ _____

단어

正しい 바르다, 맞다 | 現場 현장 | 状況 상황 | 左利き 왼손잡이 | はがき 엽서 | 届く 도착하다 | 作品 작품

ベストセラー 베스트셀러 | 書道 서예

やってみよう

1 다음 그림을 추측하여 이야기해 봅시다.

1

A うちに 誰か いますか。

B ＿＿＿＿＿＿＿＿＿＿みたいですよ。

2

A 彼は 試験に 合格しましたか。

B ＿＿＿＿＿＿＿＿＿＿みたいですよ。

3

A 彼女、昼ご飯を 食べたでしょうか。

B ＿＿＿＿＿＿＿＿＿＿みたいですよ。

4

A 田中さん、せきが ひどいですね。

B ＿＿＿＿＿＿＿＿＿＿みたいですよ。

선택된 단어를 사용하여 문장을 만들어 봅시다.

① 그룹이나 두 사람이 짝이 되어 좋아하는 숫자를 하나 선택합니다.
② 자유롭게 선을 따라 내려갑니다.
③ 선택된 い형용사를 사용하여 보기와 같이 문장을 만듭니다.

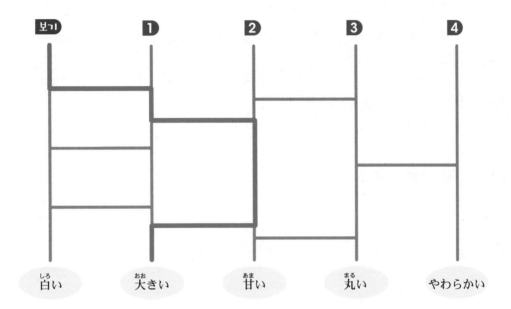

→ その 家は とても 大きくて、まるで 城のようです。

→ その 家は、城のように 大きいです。

城 성

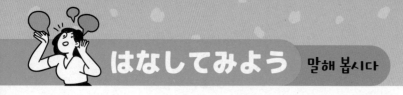
두 사람이 짝이 되어 보기와 같이 대화해 봅시다.

♪ MP3 **16**

보기

田中さんは この 本を 持って いる / 買ったと 言って いた

A 田中さんは この 本を 持って いますか。

B はい。持って いるはずですよ。買ったと 言って いましたから。

1 山田さんは 明日 来る / 約束した

2 来週 会議は ある / メールが 来た

3 金さんは お酒が 飲める / この間 酔っ払って いた

4 このワインは おいしい / 高かった

5 鈴木さんは ピアノが 上手だ / 小さい 頃から 習って いる

단어

この間 요전 | **酔っ払う** 만취하다

알고 있는 단어들을 네모 안에 체크해 봅시다.

●● 1류동사

- ☐ つづく (続く)
- ☐ とどく (届く)
- ☐ よっぱらう (酔っ払う)

●● 2류동사

- ☐ ぬれる

●● い형용사

- ☐ うつくしい (美しい)
- ☐ かたい (固い)
- ☐ ただしい (正しい)
- ☐ よわい (弱い)
- ☐ わかい (若い)

●● な형용사

- ☐ きけんだ (危険だ)
- ☐ むだだ (無駄だ)
- ☐ ゆうしゅうだ (優秀だ)

●● 부사

- ☐ すっかり
- ☐ ぜんぜん (全然)
- ☐ どうやら
- ☐ ぴったり
- ☐ まるで

●● 사람

- ☐ おくさん (奥さん)

●● 기타

- ☐ いし (石)
- ☐ かつどう (活動)
- ☐ げんば (現場)
- ☐ さくひん (作品)
- ☐ じしん (自信)
- ☐ じょうきょう (状況)
- ☐ しょどう (書道)
- ☐ しろ (城)
- ☐ スタイル
- ☐ ダイヤ
- ☐ ちいき (地域)
- ☐ とうちゃく (到着)
- ☐ のりもの (乗り物)
- ☐ はがき
- ☐ ひだりきき (左利き)
- ☐ びよういん (美容院)
- ☐ ベストセラー
- ☐ へん (辺)
- ☐ ほんもの (本物)
- ☐ まち (街)

●● 숙어표현

- ☐ いくら 〜でも

Lesson

05

バス<ruby>停<rt>てい</rt></ruby>に 人が <ruby>並<rt>なら</rt></ruby>んで います

이 과에서는 자동사와 타동사에 대해 학습한다.

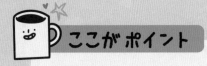 ここが ポイント

1 자동사·타동사
2 자동사(상태동사)의 「ている형」
3 타동사의 「てある형」
4 〜ておく

1 단어와 해당 그림을 선으로 연결하시오.

• バス停に　並ぶ

• ポスターを　はる

• 予防注射を　する

2 다음의 표현을 잘 들어보세요.　♪ MP3 **17**

○ バス停に　人が　並んで　います。
버스 정류장에 사람이 줄 서 있습니다.

○ ポスターが　はって　あります。
포스터가 붙어 있습니다.

○ 予防注射を　して　おきます。
예방주사를 놓아 둡니다.

1 린과 함께 공부를 하다가 잠이 든 김지후와 야마시타. ♪MP3 **18**

① あれ、金さん、私の かばん 開けましたか。

② 開けてませんよ。勝手に 開いたんでしょう。

③ あれ、コーヒーが こぼれてますね。

④ 私は こぼしてませんよ。

⑤ あ、ストラップが 壊れてる。

⑥ どうして 私を 見るんですか!? 私は 壊してないです!!

⑦ あれ、クーラー 消したんですか。

⑧ いいえ。どうして 消えたんでしょうね。

⑨ えへへ。 ぼくが やりました。 ごめんなさい〜〜。

⬡ **TIP** 벽장(押し入れ)

일본식 방인 「和室」에는 대개 벽장(押し入れ)이 있다. 벽장은 주로 이불 등을 수납하는 공간으로, 위아래로 나눈 2단인 경우가 많다. 만화에서 ヒロト가 벽장 안에 숨어 있는 장면에서 알 수 있듯이, 벽장에서 놀기를 좋아하는 아이들이 많다고 한다. 참고로, 도라에몽은 언제나 벽장 윗칸에서 잠자곤 한다.

リン　あれ、金_{キム}さん、私_{わたし}の かばん 開_あけましたか。

金_{キム}　開_あけてませんよ。勝手_{かって}に 開_あいたんでしょう。

リン　あれ、コーヒーが こぼれてますね。

金_{キム}　私_{わたし}は こぼしてませんよ。

リン　あ、ストラップが 壊_{こわ}れてる。

金_{キム}　どうして 私_{わたし}を 見_みるんですか!? 私_{わたし}は 壊_{こわ}してないです!!

リン　あれ、クーラー 消_けしたんですか。

金_{キム}　いいえ。どうして 消_きえたんでしょうね。

ひろと　えへへ。ぼくが やりました。ごめんなさい〜〜。

単어

勝手_{かって}だ 제멋대로이다

こぼれる 넘쳐 흐르다

クーラー 쿨러, 냉방 장치

えへへ 에헤헤〈웃음 소리〉

やる 하다

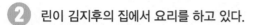

② 린이 김지후의 집에서 요리를 하고 있다. ♪ MP3 19

② 材料は 用意して ありますよ！

③ じゃあ、金さん、山下さん 手伝って くださいね。

私が 肉を 切りますから、金さんは お湯を 沸かして おいて ください。

① さて、今日の 晩ご飯は、約束どおり 私が 作ります。

④ ぼくは 野菜の 皮を むいて おきます。

⑤ もうすぐ できますよ～～。お皿は 出して ありますか？

⑦ うわー。本格的!!! いただきまーーす。

⑥ はい。出して おきました～～。

TIP 일본의 중화요리

많은 일본인들에게 사랑받는 중화요리는 일본의 가정요리에도 자주 등장한다. 중화요리 하면 한국인은 짜장면을 가장 먼저 떠올리겠지만, 일본인에게 중화요리라고 하면 역시 「餃子」, 「ラーメン」, 「チャーハン」일 것이다. 그 외에는 「エビチリ」, 「マーボーどうふ(麻婆豆腐)」, 「酢豚」 등도 인기가 많다.

74

ダイアローグ2 회화2

リン さて、今日の 晩ご飯は、約束どおり 私が 作ります。

金 材料は 用意して ありますよ!

リン じゃあ、金さん、山下さん 手伝って くださいね。
私が 肉を 切りますから、金さんは お湯を 沸かして
おいて ください。

山下 ぼくは 野菜の 皮を むいて おきます。

リン もうすぐ できますよ〜〜。お皿は 出して ありますか。

ひろと はい。出して おきました〜〜。

みんな うわー。本格的。いただきまーーす。

さて 자, 이제

晩ご飯 저녁밥

〜どおり 〜대로

お湯を 沸かす 더운물을 끓이다

皮 껍질

むく 벗기다, 까다

本格的だ 본격적이다

文法チェック 문법 체크

1 자동사·타동사

자동사 – ① 동작의 영향이 미치는 대상이 주어 ② 목적어를 취하지 않음
예 窓が 開く 창문이 열리다

타동사 – ① 동작의 영향이 주어가 아닌 다른 대상에게 미치는 동사 ② 목적어를 취함
예 山田さんが 窓を 開ける 야마다 씨가 창문을 열다

자동사	타동사	자동사	타동사
上がる(-aru)	上げる(-eru)	続く	続ける
集まる	集める	届く	届ける
変わる	変える	並ぶ	並べる
決まる	決める	出る(-eru)	出す(-asu)
下がる	下げる	冷える	冷やす
閉まる	閉める	治る(-ru)	治す(-su)
止まる	止める	渡る	渡す
始まる	始める	壊れる(-reru)	壊す(-su)
見つかる	見つける	落ちる(-iru)	落とす(-osu)
開く(-u)	開ける(-eru)	消える(その他)	消す(その他)
育つ	育てる	切れる	切る
立つ	立てる	なくなる	なくす
つく	つける	入る	入れる

예문
子供が 育つ ⇔ 子供を 育てる
レバーが 下がる ⇔ レバーを 下げる
規則が 決まる ⇔ 規則を 決める

단어

開く 열리다 | 変わる 변하다 | 決まる 정해지다 | 下がる 내려가다 | 下げる 내리다 | 育つ 자라다 | 冷える 식다
冷やす 식히다 | 治す 고치다, 치료하다 | 壊す 부수다 | レバー 레버 | 規則 규칙

 보기 窓が 開く
⇔ 窓を (開ける)

 **1** マッチが 消える
⇔ マッチを (　　　)

 **2** 電気が つく
⇔ 電気を (　　　)

 **3** ドアが 閉まる
⇔ ドアを (　　　)

 **4** 色が 変わる
⇔ 色を (　　　)

 **5** 小包が 届く
⇔ 小包を (　　　)

단어

マッチ 성냥 ｜ 色 색 ｜ 小包 소포

보기 屋根を (壊す)
⇔ 屋根が 壊れる

6 学生を (　　　　)
⇔ 学生が 集まる

7 ひもを (　　　　)
⇔ ひもが 切れる

8 タクシーを (　　　　)
⇔ タクシーが 止まる

9 コップを (　　　　)
⇔ コップが 落ちる

10 病気を (　　　　)
⇔ 病気が 治る

단어

屋根 지붕 | ひも 끈

자동사(상태동사)의 ている형

상태동사의「ている형」→ ～되어 있는 상태(상태·결과의 지속)

＊동작동사의「ている형」→ ～하고 있는 중(동작의 진행) 예 走って いる 달리고 있다

예문
バス停に 人が 並んで います。
注文した 本は もう 届いて います。
引き出しの 中に 下着が 入って います。

연습문제

보기 道が 海岸まで 続く

→ 道が 海岸まで 続いて います。

1 黒板の 前に 立つ

→ _____

2 会議は もう 始まる

→ _____

단어

注文する 주문하다 | 下着 속옷 | 海岸 해안 | 黒板 칠판 | バス停 버스 정류장

3

타동사의 てある형

타동사의 「てある형」 → ~해 있다, ~한 상태이다(상태의 지속)

＊타동사의 「ている형」 → ~하고 있는 중이다(동작의 진행) 예 切って いる 자르고 있다

예문

ポスターが はって あります。

道に 看板が 立てて あります。

テーブルに スプーンが 並べて あります。

연습문제

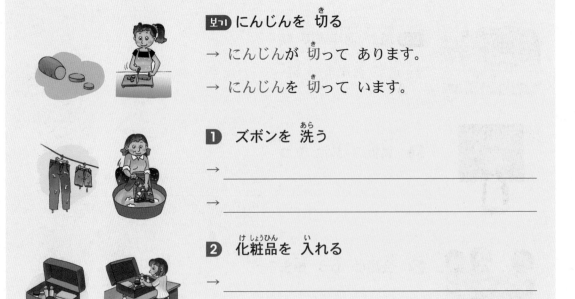

보기 にんじんを 切る

→ にんじんが 切って あります。

→ にんじんを 切って います。

1 ズボンを 洗う

→ _____

→ _____

2 化粧品を 入れる

→ _____

→ _____

단어

ポスター 포스터 ┃ はる 붙이다 ┃ 看板 간판 ┃ スプーン 숟가락 ┃ にんじん 당근 ┃ ズボン 바지 ┃ 化粧品 화장품

4 ～ておく

타동사 + ておきます ～해 둡니다

예문
予防注射を して おきます。
会議までに レポートを まとめて おきます。
暖かく なったので、冬の 服は しまって おきます。

연습문제

보기 ミュージカルを 予約する

→ ミュージカルを 予約して おきます。

1 ワイシャツを 洗う

→ _____

2 故障の 原因を 調べる

→ _____

단어
予防注射 예방주사 | まとめる 정리하다 | しまう 치우다 | ミュージカル 뮤지컬 | ワイシャツ 와이셔츠
故障 고장 | 原因 원인

1 자동사만을 통과해 봅시다. 올바른 목적지는 어디입니까?

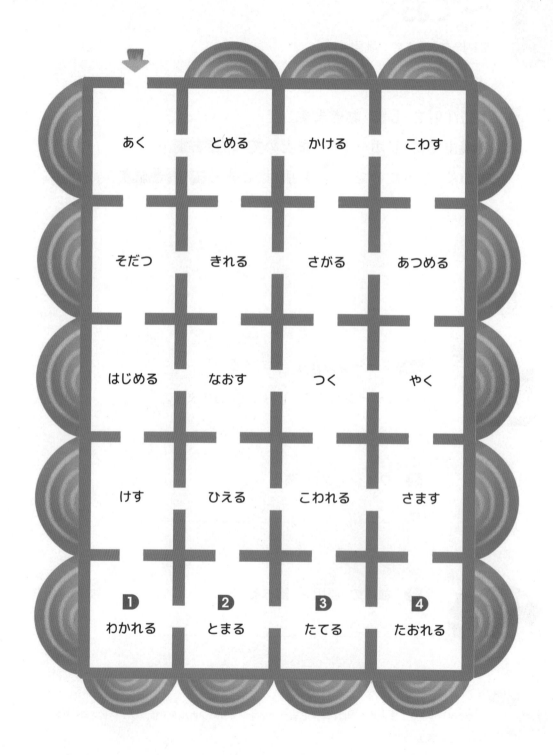

2 여행을 가기 전에 무엇을 해야 할까요? 보기와 같이 이야기해 봅시다.

<ruby>旅行<rt>りょこう</rt></ruby>に <ruby>行<rt>い</rt></ruby>く <ruby>前<rt>まえ</rt></ruby>に スーツケースを <ruby>買<rt>か</rt></ruby>って おきます。

😊 이야기해 봅시다.

_____

_____

_____

단어

<ruby>毎週<rt>まいしゅう</rt></ruby> 매

はなしてみよう　말해 봅시다

📎 당신은 지금부터 장기외출을 합니다. 준비가 되었는지 확인해 봅시다.

🎵 MP3 **20**

> **보기**
>
> A：電気は <u>消して ありますか</u>。
>
> B：はい。<u>消しました</u>。

❶ A：窓は ＿＿＿＿＿＿＿＿＿＿＿＿＿＿。

　　B：はい。＿＿＿＿＿＿＿＿＿＿＿＿＿＿。

❷ A：ゴミは ＿＿＿＿＿＿＿＿＿＿＿。

　　B：はい。＿＿＿＿＿＿＿＿＿＿＿＿＿。

❸ A：財布に クレジットカードは ＿＿＿＿＿＿＿＿＿＿＿＿。

　　B：はい。＿＿＿＿＿＿＿＿＿＿＿＿＿＿。

❹ A：電車の 時間は ＿＿＿＿＿＿＿＿＿＿＿＿＿。

　　B：はい。＿＿＿＿＿＿＿＿＿＿＿＿＿。

❺ A：泊まる ホテルは ＿＿＿＿＿＿＿＿＿＿＿＿＿。

　　B：はい。＿＿＿＿＿＿＿＿＿＿＿＿＿。

알고 있는 단어들을 네모 안에 체크해 봅시다.

●● 1류동사

- □ あく(開く)
- □ かわる(変わる)
- □ きまる(決まる)
- □ こわす(壊す)
- □ さがる(下がる)
- □ しまう
- □ そだつ(育つ)
- □ なおす(治す)
- □ はる
- □ ひやす(冷やす)
- □ むく
- □ やる

●● 2류동사

- □ こぼれる
- □ さげる(下げる)
- □ ひえる(冷える)
- □ まとめる

●● 3류동사

- □ ちゅうもんする(注文する)

●● な형용사

- □ かってだ(勝手だ)
- □ ほんかくてきだ(本格的だ)

●● 접속사

- □ さて

●● 옷

- □ したぎ(下着)

- □ ズボン
- □ ワイシャツ

●● 기타

- □ いろ(色)
- □ かいがん(海岸)
- □ かわ(皮)
- □ かんばん(看板)
- □ きそく(規則)
- □ クーラー
- □ けしょうひん(化粧品)
- □ げんいん(原因)
- □ こくばん(黒板)
- □ こしょう(故障)
- □ こづつみ(小包)
- □ スプーン
- □ にんじん
- □ バスてい(バス停)
- □ ばんごはん(晩ご飯)
- □ ひも
- □ ポスター
- □ マッチ
- □ ミュージカル
- □ やね(屋根)
- □ よぼうちゅうしゃ(予防注射)
- □ レバー

●● 숙어표현

- □ おゆを わかす(お湯を 沸かす)

Lesson

06

<ruby>私<rt>わたし</rt></ruby>は <ruby>彼<rt>かれ</rt></ruby>に <ruby>演劇<rt>えんげき</rt></ruby>に
<ruby>誘<rt>さそ</rt></ruby>われました

이 과에서는 수동표현에 대해 학습한다.

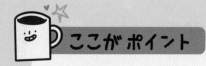

ここが ポイント

1 수동표현 Ⅰ 「일반적인 수동」

2 수동표현 Ⅱ 「소유물의 수동」

3 수동표현 Ⅲ 「피해의 수동, 자동사의 수동」

4 수동표현 Ⅳ 「무생물 주어의 수동」

❶ 단어와 해당 그림을 선으로 연결하시오.

• <ruby>演<rt>えん</rt></ruby><ruby>劇<rt>げき</rt></ruby>に <ruby>誘<rt>さそ</rt></ruby>う

• <ruby>服<rt>ふく</rt></ruby>を <ruby>汚<rt>よご</rt></ruby>す

• <ruby>行<rt>ぎょう</rt></ruby><ruby>事<rt>じ</rt></ruby>を <ruby>行<rt>おこな</rt></ruby>う

❷ 다음의 표현을 잘 들어보세요. 　♪ MP3 **21**

○ <ruby>私<rt>わたし</rt></ruby>は <ruby>彼<rt>かれ</rt></ruby>に <ruby>演<rt>えん</rt></ruby><ruby>劇<rt>げき</rt></ruby>に <ruby>誘<rt>さそ</rt></ruby>われました。

그가 나에게 연극을 보자고 권했습니다.

○ <ruby>姉<rt>あね</rt></ruby>は <ruby>弟<rt>おとうと</rt></ruby>に <ruby>大<rt>たい</rt></ruby><ruby>切<rt>せつ</rt></ruby>な <ruby>服<rt>ふく</rt></ruby>を <ruby>汚<rt>よご</rt></ruby>されました。

남동생이 누나의 소중한 옷을 더럽혔습니다.

○ <ruby>赤<rt>あか</rt></ruby>ちゃんに <ruby>泣<rt>な</rt></ruby>かれて <ruby>眠<rt>ねむ</rt></ruby>れませんでした。

아기가 울어서 잠을 못 잤습니다.

○ <ruby>子<rt>こ</rt></ruby><ruby>供<rt>ども</rt></ruby>の <ruby>日<rt>ひ</rt></ruby>には いろいろな <ruby>行<rt>ぎょう</rt></ruby><ruby>事<rt>じ</rt></ruby>が <ruby>行<rt>おこな</rt></ruby>われます。

어린이날에 다양한 행사가 열렸습니다.

1 김지후가 린에게 오늘 있었던 일을 이야기하고 있다.　　　MP3 22

① 面接、どうでしたか。

② たぶん、無理だと 思います。うまく 答えられなくて…。面接官にも 笑われました。

③ 今日は 朝から ついて ないんですよ。

④ 犬に 足を かまれるし、

⑤ それで、転んで 男の人に ぶつかって 怒られるし、

⑥ 電車の 中では 女の人に 足を 踏まれるし。

⑦ 散々でしたね。でも、それだけ 悪い ことが あったら 次は いい ことが ありますよ!

🙂 **TIP 취업준비 활동(就活)**

일본에서는 취업준비를 위한 활동(就職活動)를 줄여서 「就活」라고 부른다. 「就活」 중에서도 면접 준비는 매우 중요하다. '면접에 자주 나오는 질문'에는, 자기소개, 자기 PR, 지원 동기, 장단점, 학창 시절에 열심히 한 일, 실패한 경험, 10년 후의 자신 등이 있다. 대학 시절을 단순히 흘려보낼 것이 아니라, 「就活」와 연관 지을 수 있도록 여러 경험을 하거나 주의 깊게 자기분석을 해 보는 것이 중요하다고 할 수 있다.

リン　面接、どうでしたか。

金　たぶん、無理だと 思います。うまく 答えられなくて…。

　　面接官にも 笑われました。

　　今日は 朝から ついて ないんですよ。

　　犬に 足を かまれるし、

　　それで、転んで 男の人に ぶつかって 怒られるし、

　　電車の 中では 女の人に 足を 踏まれるし。

リン　散々でしたね。でも、それだけ 悪い ことが あったら

　　次は いい ことが ありますよ！

단어

うまく 잘, 솜씨 좋게	**かむ** 물다
面接官 면접관	**ぶつかる** 부딪치다
ついて いる 운이 좋다	**散々だ** 형편없다

② 김지후는 회사에 채용되었다.

TIP 일하기 좋은 회사(働きやすい会社)

일본의 검색 사이트에서 「働きやすい会社」를 찾아 보면 몇 가지 랭킹을 볼 수 있다. 「働きやすい会社」의 특징은, 잔업 시간이 적은 편, 3년 후의 이직률이 낮음, 연간 휴일이 120일 이상, 유급 휴가 취득률이 높음, 복리후생이 잘 갖추어져 있음, 사원끼리 관계가 좋음, 직위에 상관 없이 발언하기 편한 분위기, 등을 꼽을 수 있다.

金（キム）	はい。…はい。…はい。え、本当（ほんとう）ですか!？ はい！ ありがとうございます！！ 採用（さいよう）されました〜〜！
リン・山下（やました）	本当（ほんとう）ですか!？ やったー。おめでとう！！
リン	すごいですね、金（キム）さん。がんばった かいが ありましたね。
山下（やました）	今（いま）、とても 注目（ちゅうもく）されて いる 会社（かいしゃ）ですよね。
金（キム）	働（はたら）きやすい 会社（かいしゃ） 100社（しゃ）にも 選（えら）ばれて いるんですよ。
山下（やました）	金（キム）さんに 先（さき）に 就職（しゅうしょく）されて しまいました…。
リン	山下（やました）さんは、大学院（だいがくいん）に 行（い）くんでしょう。 一緒（いっしょ）に 行（い）きましょう。
山下（やました）	はい！！！

단어

やった 됐다, 해냈다

かい 보람

注目（ちゅうもく）する 주목하다

수동표현 I 일반적인 수동

(능동문) 先生(せんせい)が 私(わたし)を 呼(よ)びました。 선생님이 나를 불렀습니다.

(수동문) 私(わたし)は 先生(せんせい)に 呼(よ)ばれました。 나는 선생님에게 불렸습니다.

〈동사의 수동형〉

1류 동사 : 어미 「う단」을 「あ단」으로 바꾼 후 「れる」를 붙임 예 書く → 書(か)かれる

2류 동사 : 「る」를 떼고 「られる」를 붙임 예 見る → 見(み)られる

3류 동사 : する → される、来る → 来(こ)られる

예문
子供(こども)は 母親(ははおや)に 怒(おこ)られました。
私(わたし)は 彼(かれ)に 演劇(えんげき)に 誘(さそ)われました。
課長(かちょう)は 部下(ぶか)に 相談(そうだん)されました。

연습문제

보기 母(はは)が 私(わたし)を 起(お)こしました

→ 私(わたし)は 母(はは)に 起(お)こされました。

1 後(うし)ろの 人(ひと)が 私(わたし)を 押(お)しました

→ _____

2 友達(ともだち)が 私(わたし)を 結婚式(けっこんしき)に 招待(しょうたい)しました

→ _____

단어

母親(ははおや) 어머니 | 演劇(えんげき) 연극 | 誘(さそ)う 권하다 | 課長(かちょう) 과장(님) | 部下(ぶか) 부하 | 起(お)こす 깨우다 | 後(うし)ろ 뒤

2 수동표현 II **소유물의 수동**

(능동문) 父親が 私の 頭を たたきました。 아버지가 내 머리를 때렸습니다.

(수동문) 私は 父親に 頭を たたかれました。 나는 아버지에게 머리를 맞았습니다.

예문

私は 先生に 作文を ほめられました。

姉は 弟に 大切な 洋服を 汚されました。

係りの人に 名前を 間違えられました。

연습문제

보기 蚊が 私の 腕を 刺しました

→ 私は 蚊に 腕を 刺されました。

1 誰かが 私の 足を 踏みました

→ _____

2 泥棒が 私の 宝石を 盗みました

→ _____

단어

父親 아버지 | たたく 때리다 | 汚す 더럽히다 | 係りの人 담당자 | 間違える 틀리게 하다 | 蚊 모기 | 腕 팔
刺す 찌르다, 물다 | 足 발 | 宝石 보석

3 수동표현 Ⅲ 피해의 수동, 자동사의 수동

(능동문) 赤ちゃんが 泣いて 眠れませんでした。 아기가 울어서 잠을 못 잤습니다.

↓

(수동문) 赤ちゃんに 泣かれて 眠れませんでした。 아기가 울어서 잠을 못 잤습니다.
(아기에 의해 피해를 입었음을 나타냄)

예문

雨に 降られて ぬれて しまいました。

先輩に 先に 行かれて、 道が 分からなく なりました。

隣に ビルを 建てられて 日が 当たらなく なりました。

연습문제

보기 同僚が 休む

→ 同僚に 休まれて 困りました。

❶ 後輩が 遊びに 来る

→ _____

❷ 子供が 落書きを する

→ _____

단어

日が 当たる 볕이 들다 | 終電 마지막 전철 | 同僚 동료 | 後輩 후배 | 落書き 낙서

94

4 수동표현 Ⅳ 무생물 주어의 수동

무생물 주어 + 수동형
① 사람, 동물 이외의 주어(불특정 다수)가 등장하는 수동문
② 누구에 의한 행위인가는 중요하지 않음

예문

この 歌は 昔から よく 歌われて います。

子供の日には いろいろな 行事が 行われます。

東京タワーは 観光名所として 知られて います。

연습문제

보기 国際会議・毎年 8月に 開く

→ 国際会議は 毎年 8月に 開かれて います。

1 韓国の ラーメン・日本でも 売る

→ _____

2 彼の 小説・多くの 言語に 翻訳する

→ _____

단어

行事 행사 | 行う 행하다 | タワー 타워 | 名所 명소 | 国際 국제 | 毎年 매년 | 多く 많음 | 言語 언어

 두 사람이 짝이 되어 보기와 같이 대화를 해 봅시다.

 MP3 **24**

보기

A どうしたんですか。

B 母に 日記を 読まれたんです。

母 / 日記を 読む

❶

犬 / めがねを 壊す

❷

蚊 / 手を さす

❸

子供 / 本を 破る

❹

妹 / ケーキを 食べる

❺

弟 / パソコンを 壊す

❻

誰か / 財布を 盗む

단어

破る 찢다

2 アラジメニャ 아래의 질문을 읽고 답해 봅시다.

スタート!!

芸能人に 似て
いると 言われた
ことが ある。

YES ⇒ 1つすすむ
NO ⇒ 2つすすむ

よく 人に
相談される。

YES ⇒ 2つすすむ
NO ⇒ 1つすすむ

人に 注目される
ことが 好きだ。

YES ⇒ 1つすすむ
NO ⇒ 2つすすむ

知らない
人に よく 道を
聞かれる。

YES ⇒ 2つすすむ
NO ⇒ 1つすすむ

❶
수동형 문장
한개를
만드세요.

ほめられると
がんばって しまう。

YES ⇒ 2つすすむ
NO ⇒ 1つすすむ

外国人に 英語で
話しかけられても
問題ない。

YES ⇒ 2つすすむ
NO ⇒ 1つすすむ

よく 蚊に
刺される。

YES ⇒ ゴール
NO ⇒ ❶へ

学生のとき、
よく 叱られた。

YES ⇒ 1つすすむ
NO ⇒ 2つすすむ

頼まれたら 嫌と
言えない 性格だ。

YES ⇒ 2つすすむ
NO ⇒ 1つすすむ

ゴール!

단어

年 나이

はなしてみよう　말해 봅시다

옆 사람과 자유롭게 이야기해 봅시다.

1　あなたの 国で 一番 よく 読まれて いる 作家は？

_____

2　あなたの 国で 一番 よく 飲まれて いる 飲み物は？

_____

3　あなたの 国で 世界で よく 知られて いる 人は？

_____

4　あなたの 国で 若い人に よく 歌われて いる 歌は？

_____

5　あなたの 国で よく 使われて いる SNSは？

_____

단어

作家 작가 ｜ 若い 젊다

알고 있는 단어들을 네모 안에 체크해 봅시다.

ㅣ류동사

- ☐ おこす(起こす)
- ☐ おこなう(行う)
- ☐ かむ
- ☐ さす(刺す)
- ☐ さそう(誘う)
- ☐ たたく
- ☐ ぶつかる
- ☐ やぶる(破る)
- ☐ よごす(汚す)

2류동사

- ☐ まちがえる(間違える)

3류동사

- ☐ ちゅうもくする(注目する)

い형용사

- ☐ わかい(若い)

な형용사

- ☐ さんざんだ(散々だ)

시간을 나타내는 단어

- ☐ まいとし(毎年)

신체

- ☐ あし(足)
- ☐ うで(腕)

사람

- ☐ かかりのひと(係りの人)
- ☐ かちょう(課長)
- ☐ こうはい(後輩)
- ☐ さっか(作家)
- ☐ ちちおや(父親)
- ☐ どうりょう(同僚)
- ☐ ははおや(母親)
- ☐ ぶか(部下)
- ☐ めんせつかん(面接官)

기타

- ☐ うしろ(後ろ)
- ☐ えんげき(演劇)
- ☐ か(蚊)
- ☐ ぎょうじ(行事)
- ☐ げんご(言語)
- ☐ こくさい(国際)
- ☐ しゅうでん(終電)
- ☐ タワー
- ☐ とし(年)
- ☐ ほうせき(宝石)
- ☐ らくがき(落書き)
- ☐ めいしょ(名所)

숙어표현

- ☐ ひが あたる(日が 当たる)

Lesson

07

はは
母は 兄を 歯医者に
あに はい しゃ
い
行かせました

이 과에서는 사역표현에 대해 학습한다.

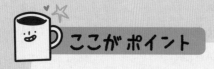

ここが ポイント

1 사역표현 Ⅰ 「～を ～(さ)せる」

2 사역표현 Ⅱ 「～に ～を ～(さ)せる」

3 사역수동표현 Ⅲ 「～に ～を ～(さ)せられる」

4 사역표현 Ⅳ 「～(さ)せて ください」

❶ 단어와 해당 그림을 선으로 연결하시오.

• 　　　　　　　• 歯医者に 行く

• 　　　　　　　• たばこを やめる

• 　　　　　　　• 食事を おごる

❷ 다음의 표현을 잘 들어보세요.　　　　　　　🎵 MP3 **25**

○ 母は 兄を 歯医者に 行かせました。

어머니는 형을 치과에 보냈습니다.

○ 医者は 患者に たばこを やめさせました。

의사는 환자에게 담배를 끊게 했습니다.

○ 子供の とき、母に ピアノを 習わせられました。

아이 때 엄마로 인해 (억지로) 피아노를 배웠습니다.

○ 次は 私に おごらせて ください。 다음에는 제가 사게 해 주세요.

① 金さんは　就職も　決まったし、あとは　卒業するだけですね。

③ ああ…。

② 何を　言ってるんですか。論文が　あるじゃ　ないですか～。

④ うちの　先生、ちゃんと書かないと、何度もやり直させるって有名ですよ。

⑤ そうそう。先輩を　何人も泣かせたという　噂ですよ。

へへ…

⑦ 私は　簡単には卒業させませんよ…。

⑥ 本当ですか？

ヒック～!!!

TIP 교수님? 선생님?

일본에서 학생이 대학의 교원을 직접 부를 때의 호칭은 「教授」가 아니라 「先生」다. 「教授」는 조교수나 부교수, 비상근 강사 등과 마찬가지로 직위 중 하나이기 때문에, 직접적으로 「教授！」라고 부르는 일은 없다. 교원끼리도 서로 「先生」라고 부르지만, 학과의 관습에 따라서는 「～さん」이라고 부르는 경우도 있다.

山下 　金さんは 就職も 決まったし、あとは 卒業するだけ

　　　 ですね。

金 　何を 言ってるんですか。論文が あるじゃ ないですか〜。

山下 　ああ…。

金 　うちの 先生、ちゃんと 書かないと、何度も やり直さ

　　　 せるって 有名ですよ。

リン 　そうそう。先輩を 何人も 泣かせたという 噂ですよ。

山下・金 本当ですか？

教授 　私は 簡単には 卒業させませんよ…。

論文 논문

うち 우리

何度も 몇 번이나

やり直す 다시 하다

① なんとか、論文も 終わりましたね。

② あとは 本当に 卒業だけですね。

③ もうすぐ 卒業なんて 寂しいですね。

④ まあ、私は 金さんに レポートを 手伝わされる ことが なくなって、うれしいですけどね。

⑤ これからは、リンさんの 作った 変な クッキーを 食べさせられる ことも ないんですね。ほっとしました。

⑥ みんな、カラオケに 行きませんか。

⑦ いいですね〜。行きましょうよ、金さん。

⑧ 私、ずっと 徹夜だったんです…。今日は 寝かせて ください…。

TIP 노래방(カラオケ)

「カラオケ」는 「アニメ」와 마찬가지로 일본에서 전세계로 퍼진 표현이다. 「カラオケ」의 「カラ」는 '알맹이가 없이 비어 있다'는 의미이고, 「オケ」는 오케스트라를 줄인 말이다. 「カラオケ」는 나라나 지역에 따라 여러 형태로 진화했다. 예를 들어 유럽에서는 미국과 마찬가지로 레스토랑과 같은 곳에서 사람들 앞에서 노래하는 스타일이 일반적이라고 한다.

ダイアローグ2 회화 2

リン　なんとか、論文も 終わりましたね。あとは 本当に 卒業
だけですね。

山下　もうすぐ 卒業なんて 寂しいですね。

リン　まあ、私は 金さんに レポートを 手伝わされる ことが
なくなって、うれしいですけどね。

金　これからは、リンさんの 作った 変な クッキーを 食べ
させられる ことも ないんですね。
ほっとしました。

山下　みんな、カラオケに 行きませんか。

リン　いいですね〜。行きましょうよ、金さん。

金　私、ずっと 徹夜だったんです…。今日は 寝かせて くださ
い…。

단어

なんとか 그럭저럭	**クッキー** 쿠키
寂しい 쓸쓸하다, 서운하다	**ほっとする** 안심하다
まあ 자, 뭐	**徹夜** 철야

1 사역표현 I ～を ～(さ)せる

Aは Bを ～(さ)せる   A는 B를 ～하게 하다(시키다)

〈동사의 사역형〉

1류 동사 : 어미 「う단」을 「あ단」으로 바꾼 후 「せる」를 붙임 **예** 書く → 書かせる

2류 동사 : 「る」를 떼고 「させる」를 붙임 **예** 見る → 見させる

3류 동사 : する → させる、来る → 来させる

예문

コーチは 選手を 走らせました。

先生は 生徒を 立たせました。

上司は 部下を 帰らせました。

연습문제

보기 社長・社員 / 日曜日も 働く

→ 社長は 社員を 日曜日も 働かせました。

1 父・妹 / 塾に 通う

→ _____

2 先生・学生 / 早退する

→ _____

단어

コーチ 코치 | 上司 상사 | 塾 보습학원 | 歯医者 치과의사 | 社員 사원 | 早退する 조퇴하다

2 사역표현 II 〜に 〜を 〜(さ)せる

Aは Bに Cを 〜させる A는 B에게 C를 〜하게 하다(시키다)

예문
教師は 学生に 答えを 言わせました。
医者は 患者に たばこを やめさせました。
先輩は 後輩に ユニフォームを 洗わせました。

연습문제

보기 店長・店員 / 窓を ふく

→ 店長は 店員に 窓を ふかせました。

❶ 父親・息子 / 犬の 世話を する

→ _____

❷ 母親・子供 / にんじんを 食べる

→ _____

단어
患者 환자 | やめる 그만두다, 끊다 | ユニフォーム 유니폼 | ふく 닦다 | 教師 교사 | 答え 답
世話を する 보살피다 | にんじん 당근

사역수동표현 Ⅲ 〜に 〜を 〜(さ)せられる

A는 B에 C를 〜させられる A는 B로 인해 (할 수 없이, 억지로) C를 〜하게 되다

* 사역수동 = 사역형의 수동형

예 行かせられる＝行かせる(사역) + られる(수동)

* 1류동사 중, せられる→される로 축약되어 사용되는 경우가 있다.

예문

子供の とき、母に ピアノを 習わせられました。

(＝ 習わされました)

生徒は 先生に 英単語を 覚えさせられました。

私は 母に お見合いを させられました。

연습문제

보기 夫・妻 / ブランドの 香水を 買う

→ 夫は 妻に ブランドの 香水を 買わせられました。

1 後輩・先輩 / 部室を 片付ける

→ _____

2 部下・上司 / カラオケで 歌を 歌う

→ _____

단어

英単語 영어단어 | ブランド 명품 | 香水 향수 | お見合い 맞선 | 部室 동아리방 | カラオケ 노래방

4 사역표현 Ⅳ 　～(さ)せて　ください

사역형의 て형 + ください　～하게 해 주세요
(자신이 취할 행위에 대해 상대방의 허가를 요청하는 표현)

예문

その 仕事を 私に やらせて ください。

すみません。写真を 撮らせて ください。

この 万年筆、ちょっと 使わせて ください。

연습문제

보기 次は 私が おごる

→ 次は 私に おごらせて ください。

1 その 荷物は 私が 持つ

→ _____

2 九州への 出張は 私が 行く

→ _____

단어

まんねんひつ
万年筆 만년필 ｜ おごる 한턱내다 ｜ 九州 규슈〈지명〉｜ 出張 출장

やってみよう　부탁하기 / 편리한 로보트

1 두 사람이 짝이 되어 보기와 같이 대화를 해 봅시다.

보기

1曲 歌う / まだ 一曲も 歌って いない

A Bさん、私も 1曲 歌わせて ください。
まだ、1曲も 歌って いないんです。

B そうですか。じゃあ、どうぞ。

1

一口 食べる /
甘いものが 大好きだ

2

1回 やる /
その ゲーム、得意だ

3

今日の 会議に 参加する /
話したい ことが ある

4

一度 運転する /
この車を 運転して みたい

그림을 보면서 문장을 완성해 봅시다.

보기

そうじを する

1

踊りを 踊る

2

皿を 洗う

3

レポートを 書く

4

ピアノを 弾く

5

自由に 考えて
みましょう。

보기　私は ロボットに そうじを させます。

1 私は　ロボットに＿＿＿＿＿＿＿＿＿＿＿＿＿＿＿＿＿＿＿＿。
2 ＿＿＿＿＿＿＿＿＿＿＿＿＿＿＿＿＿＿＿＿＿＿＿＿＿＿。
3 ＿＿＿＿＿＿＿＿＿＿＿＿＿＿＿＿＿＿＿＿＿＿＿＿＿＿。
4 ＿＿＿＿＿＿＿＿＿＿＿＿＿＿＿＿＿＿＿＿＿＿＿＿＿＿。

보기　私は そうじを させられました。

1 私は＿＿＿＿＿＿＿＿＿＿＿＿＿＿＿＿＿＿＿＿＿＿＿＿。
2 ＿＿＿＿＿＿＿＿＿＿＿＿＿＿＿＿＿＿＿＿＿＿＿＿＿＿。
3 ＿＿＿＿＿＿＿＿＿＿＿＿＿＿＿＿＿＿＿＿＿＿＿＿＿＿。
4 ＿＿＿＿＿＿＿＿＿＿＿＿＿＿＿＿＿＿＿＿＿＿＿＿＿＿。

단어
踊り 춤 | ロボット 로보트

1 당신에 대해서 자유롭게 이야기해 봅시다.

1 あなたが 親や 先生に よく させられる ことは ありますか。

2 あなたが 今までに させられて 嫌だった ことは 何ですか。

3 もし あなたが 小学校の 先生だったら、子供に どんな ことを 学ばせたい ですか。

2 당신이 아이돌을 만든다면 어떤 아이돌을 만들지 자유롭게 이야기해 봅시다.

> あなたは アイドルを 育てる 担当に なりました。
>
> どんな ことを させますか。

1 どちらを 育てますか。
A：男性 アイドル　　　　B：女性 アイドル

2 どの 活動を 中心に しますか。
A：歌　　　　　　　B：バラエティ

3 売れる ために どんな ことを させるか、自由に 考えて みましょう。

단어

育てる 기르다, 육성하다 ｜ 売れる 팔리다, 잘나가다

알고 있는 단어들을 네모 안에 체크해 봅시다.

●● 1류동사

- ☐ おごる
- ☐ ふく
- ☐ やりなおす(やり直す)

●● 2류동사

- ☐ やめる

●● 3류동사

- ☐ そうたいする(早退する)

●● い형용사

- ☐ さびしい(寂しい)

●● 부사

- ☐ なんとか

●● 음식

- ☐ クッキー
- ☐ にんじん

●● 사람

- ☐ かんじゃ(患者)
- ☐ きょうし(教師)
- ☐ コーチ
- ☐ しゃいん(社員)
- ☐ じょうし(上司)
- ☐ はいしゃ(歯医者)

●● 기타

- ☐ うち
- ☐ おどり(踊り)
- ☐ おみあい(お見合い)
- ☐ えいたんご(英単語)
- ☐ カラオケ
- ☐ こうすい(香水)
- ☐ こたえ(答え)
- ☐ しゅっちょう(出張)
- ☐ じゅく(塾)
- ☐ てつや(徹夜)
- ☐ ぶしつ(部室)
- ☐ ブランド
- ☐ まんねんひつ(万年筆)
- ☐ ユニフォーム
- ☐ ロボット
- ☐ ろんぶん(論文)

●● 숙어표현

- ☐ せわを する(世話を する)
- ☐ ほっとする

Lesson

08

何^{なに}を 召^めし上^あがりますか

이 과에서는 경어표현 중 존경어에 대해 학습한다.

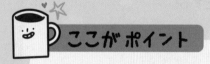 ここが ポイント

1 일본어 경어의 개요

2 존경표현 I 「기본표현」

3 존경표현 II 「お(ご)〜になる」

4 존경표현 III 「お(ご)〜ください」

5 존경표현 IV 「동사의 수동형」

① 단어와 해당 그림을 선으로 연결하시오.

- ・ 召し上がる
- ・ 休暇を とる
- ・ 電車を 乗り換える

② 다음의 표현을 잘 들어보세요.　♪ MP3 **29**

- 何を 召し上がりますか。 무엇을 드시겠습니까?

- 社長は 休暇を おとりに なりました。
  사장님은 휴가를 받으셨습니다.

- 次の 駅で お乗り換え ください。
  다음 역에서 갈아타세요.

- 小説を よく 読まれますか。
  소설을 자주 읽으십니까?

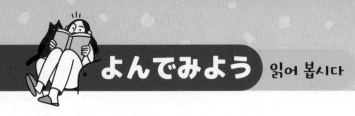

1 교수님을 모시고 사은회를 열고 있다.

♪ MP3 **30**

① この あと、謝恩会が ある そうですよ。

② 先生は まだ いらっしゃってないんですか。

③ ちょっと 電話して みますね。

④ もしもし、先生、金です。場所は お分かりに なりますか。

⑤「やまや」という 店なんですが…。ご存知ですか。

⑥ ああ、分かります。5分ぐらいで 着きます。

⑦ 先生、4年間、本当に お世話に なりました。

⑧ みなさん、卒業 おめでとう。乾杯！

⑨ 乾杯！

（졸업식）

TIP 하카마

하카마는 일본식 복식의 일종으로, 기모노를 입은 위에 착용해 허리부터 아래쪽을 감싸는 것이다. 서양 복식의 바지나 스커트에 해당된다. 하카마에는 학생용이나 예장용 등이 있으며, 메이지 시대 초기에는 여학생도 착용했다. 다이쇼 시대 후기부터 서양 복식이 보급됨에 따라 하카마는 유행에서 뒤쳐지게 되어, 근래에는 연예인이나 특별한 직종에 있는 사람, 그 외에는 결혼식(남성)이나 졸업식(여성) 등에서만 볼 수 있게 되었다.

リン　この あと、謝恩会（しゃおんかい）が ある そうですよ。

学生1（がくせい）　先生（せんせい）は まだ いらっしゃって ないんですか。

金（キム）　ちょっと 電話（でんわ）して みますね。

もしもし、先生（せんせい）、金（キム）です。場所（ばしょ）は お分（わ）かりに なりますか。

「やまや」という 店（みせ）なんですが…。ご存知（ぞんじ）ですか。

先生（せんせい）　ああ、分（わ）かります。5分（ふん）ぐらいで 着（つ）きます。

金（キム）　先生（せんせい）、4年間（ねんかん）、本当（ほんとう）に お世話（せわ）に なりました。

先生（せんせい）　みなさん、卒業（そつぎょう） おめでとう。乾杯（かんぱい）!

全員（ぜんいん）　乾杯（かんぱい）!

謝恩会（しゃおんかい） 사은회

乾杯（かんぱい） 건배

2 김지후는 취직 후 집을 구하고 있다.

① どんな お部屋を お探しですか。

② 1LDKの 駅から 近い 部屋を 探して いるんですが…。

③ 少々 お待ちください。 たばこは 吸われますか。

④ いいえ。 どうしてですか。

⑤ 最近は 喫煙者を 嫌がられる 大家さんが 増えて いるんですよ。

⑥ ペットは 飼って いらっしゃらないです よね。

⑦ はい。

⑧ では、 ここは いかがですか。

⑨ うわー。 広いですね。

⑩ 自炊されるなら、 キッチンも 広め ですし、おすすめ ですよ。一度 ご覧に なりますか。

⑪ はい！！

TIP 집주인과 접촉이 없는 일본

일본에서 맨션이나 아파트에 세를 들 때는 한국과 마찬가지로 부동산 회사를 통해 계약 절차를 밟지만, 세입자가 집주인과 직접 얼굴을 마주하는 일은 없는 편이다. 세입자의 모집·계약은 물론, 물건의 유지·관리나 고충 또는 희망사항에 대응하는 것도 부동산 회사나 관리회사 등 전문가에게 맡기는 경우가 많기 때문이다. 임대 주택과 관련된 상담은 공공기관의 창구를 이용할 수도 있다.

不動産や どんな お部屋を お探しですか。

金 1LDKの 駅から 近い 部屋を 探して いるんですが…。

不動産や 少々 お待ちください。たばこは 吸われますか。

金 いいえ。どうしてですか。

不動産や 最近は 喫煙者を 嫌がられる 大家さんが 増えて
いるんですよ。

ペットは 飼って いらっしゃらないですよね。

金 はい。

不動産や では、ここは いかがですか。

金 うわー。広いですね。

不動産や 自炊されるなら、キッチンも 広めですし、おすすめ
ですよ。一度 ご覧に なりますか。

金 はい！！

1LDK 방 1개에 거실과 식당을 겸한 부엌

喫煙者 흡연자

嫌がる 싫어하다

大家さん 집주인

自炊する 자취하다

キッチン 부엌

広め 넓은 듯함

일본어 경어의 개요

1

일본어 경어의 종류
① 정중어 : ～です, ～ます형
② 존경어 : 상대방을 높이는 표현 예 121쪽 표 참조
③ 겸양어 : 자신을 낮춤으로써 상대방을 높이는 표현 예 おる, 申し上げる, いたす 등
④ 미화어 : お(ご) + 명사

존경어

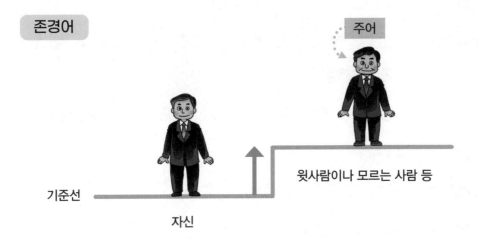

주어

윗사람이나 모르는 사람 등

기준선

자신

겸양어

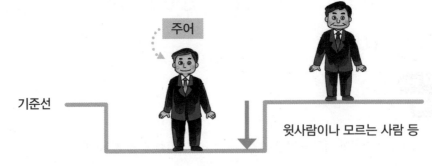

주어

기준선

윗사람이나 모르는 사람 등

자신·자신의 그룹 사람

2 존경표현 I 기본표현

	존경표현
行く	いらっしゃる
	おいでに なる
来る	いらっしゃる
	おいでに なる
	お見えに なる
いる	いらっしゃる
する	なさる
言う	おっしゃる
見る	ご覧に なる
寝る	お休みに なる
食べる / 飲む	召し上がる
知って いる	ご存知だ
くれる	くださる

 何を 召し上がりますか。

部長は 3時に いらっしゃいます。

校長先生は 彼を ご存知だと 思います。

いらっしゃる 가시다, 계시다, 오시다 | おいでに なる 가시다, 오시다 | お見えに なる 오시다 | なさる 하시다

おっしゃる 말씀하시다 | ご覧に なる 보시다 | 召し上がる 드시다 | ご存知だ 아시다 | くださる 주시다

보기 写真を 見た
→ 社長は 写真を ご覧に なりました。

1 私に 記念品を くれた

→ _____

2 今夜 約束が あると 言った

→ _____

3 久しぶりに ゴルフを した

→ _____

4 今日 ずっと 会議室に いた

→ _____

5 レストランで ステーキを 食べた

→ _____

단어

今夜 오늘 밤 | ゴルフ 골프 | ずっと 쭉 | ステーキ 스테이크

122

3 존경표현 II お(ご)〜になる

- お + 동사의 ます형
- ご + 한어 명사 ⎤ + になる 〜하시다

예문 この 本は 先生が お書きに なりました。
会長は もう お帰りに なりました。
山田さんは いつ ご出発に なりますか。

연습문제

보기 休暇を とった
→ 休暇を おとりに なりました。

1 今朝 出かけた

→ _____

2 フランスから 戻った

→ _____

단어

会長 회장(님) | 休暇を とる 휴가를 받다 | フランス 프랑스

4 존경표현 Ⅲ お(ご)〜ください

・お + 동사의 ます형
・ご + 한어 명사 ┐+ ください 〜하여 주세요

예문
少々 お待ちください。
書類は 窓口に お出しください。
電話番号を もう 一度 ご確認ください。

연습문제

보기 こちらの 席に かける

→ こちらの 席に おかけください。

1 次の 駅で 乗り換える

→ _____

2 足元に 注意する

→ _____

단어

少々 잠시 | 書類 서류 | 窓口 창구 | かける 앉다 | 乗り換える 갈아타다 | 足元 발밑

존경표현 Ⅳ 동사의 수동형

동사의 수동형은 존경표현으로도 사용함

* 동사 수동형의 의미기능

① 수동 : 예 壁に 赤い ペンキが 塗られました。 벽에 빨간 페인트가 칠해졌습니다.

② 가능 : 예 魚が 食べられます。 생선을 먹을 수 있습니다.

③ 존경표현 : 예 社長は 毎週 ゴルフを されます。 사장님은 매주 골프를 하십니다.

예문

小説を よく 読まれますか。

山田さんは どんな 映画を よく 見られますか。

先生は 毎朝 5時に 起きて 散歩を されます。

연습문제

보기 マンションを 買う

→ 社長は マンションを 買われます。

❶ 今日の 午後 外出する

→ _____

❷ 食後に コーヒーを 飲む

→ _____

단어

マンション 맨션, 고층 아파트 ｜ 外出する 외출하다 ｜ 食後 식후

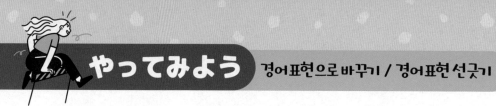
1　그림을 보고 빈칸에 알맞은 표현을 보기의 단어를 활용하여 써 봅시다.

1

せんせい、なにを
＿＿＿＿＿＿＿ますか。

じゃ、ぼくは
うどんに します。

보기　食べる

2

すみません、コーヒー
ひとつ ください。

はい、少々
お＿＿＿＿ください。

보기　待つ

126

2 참고 어휘에서 단어를 골라 올바른 형태로 기입한 후 그림과 문장을 연결해 봅시다.

보기

　•　　　　　　•　A

どうぞ、ご自由に（お取り）
ください。

❶
　•　　　　　　•　B

滑りやすく なって いますので、
（　　　　　　　） ください。

❷
　•　　　　　　•　C

不審な 電話が きたら、
警察に （　　　　　　　） ください。

❸
　•　　　　　　•　D

駆け込み 乗車は 危険です。
（　　　　　　　） ください。

❹
　•　　　　　　•　E

家の 工事なら、私たちに
（　　　　　　　） ください。

❺
　•　　　　　　•　F

お電話、または メールで
（　　　　　　　） ください。

참고 어휘　やめる　　取る　　注意する　　問い合わせる　　任せる　　知らせる

단어
不審だ 수상하다 | 駆け込み 乗車 뛰어들기 승차 | 工事 공사 | または 또는, 혹은 | メール 메일 |
試す 시험해 보다 | 問い合わせる 문의하다 | 任せる 맡기다

はなしてみよう 말해 봅시다

신문기자와 사장이 되어 경어를 사용하면서 인터뷰를 해 봅시다.

♪ MP3 **32**

보기

> 今朝、何を 食べましたか。

A 社長、今朝 何を 召し上がりましたか。

B パンを 食べました。

1 今日は、ここまで 何で 来ましたか。

2 毎日、何時に 寝ますか。

3 食事は 自分で 作りますか。(※ 自分 → ご自分)

4 誰と よく 話しますか。(※ 誰 → どなた)

5 どんな 映画を 見ますか。

6 どんな 本を よく 読みますか。

7 週末は どのように 過ごしますか。

8 健康の ために 何を して いますか。

9 今まで、どこに 旅行に 行きましたか。

10 自由に 質問して みましょう。

단어

どなた 어느 분 | 過ごす 보내다, 지내다 | 〜の ために 〜을 위해서

単語チェック
단어체크

알고 있는 단어들을 네모 안에 체크해 봅시다.

●● 1류동사

- ☐ いやがる(嫌がる)
- ☐ いらっしゃる
- ☐ おいでに なる
- ☐ おっしゃる
- ☐ おみえに なる(お見えに なる)
- ☐ くださる
- ☐ ごらんに なる(ご覧に なる)
- ☐ すごす(過ごす)
- ☐ ためす(試す)
- ☐ なさる
- ☐ めしあがる(召し上がる)

●● 2류동사

- ☐ かける
- ☐ といあわせる(問い合わせる)
- ☐ のりかえる(乗り換える)
- ☐ まかせる(任せる)

●● 3류동사

- ☐ がいしゅつする(外出する)
- ☐ じすいする(自炊する)

●● な형용사

- ☐ ふしんだ(不審だ)

●● 부사

- ☐ しょうしょう(少々)
- ☐ ずっと

●● 시간을 나타내는 단어

- ☐ こんや（今夜）

●● 접속사

- ☐ または

●● 사람

- ☐ おおやさん(大家さん)
- ☐ かいちょう(会長)
- ☐ きつえんしゃ(喫煙者)

●● 음식

- ☐ ステーキ
- ☐ デザート

●● 기타

- ☐ あしもと(足元)
- ☐ あじ(味)
- ☐ かんぱい(乾杯)
- ☐ きせつ(季節)
- ☐ キッチン
- ☐ こうじ(工事)
- ☐ ごぞんじ(ご存知)
- ☐ ゴルフ
- ☐ しょるい(書類)
- ☐ ひろめ(広め)
- ☐ ファックス
- ☐ フランス
- ☐ まどぐち(窓口)
- ☐ マンション

●● 숙어표현

- ☐ きゅうかを とる(休暇を とる)

Lesson

09

この 資料を 拝見します
（この しりょうを はいけんします）

이 과에서는 일본어의 경어표현 중 겸양어, 미화어, 정중어에 대해 학습한다.

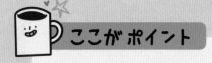

ここが ポイント

1 겸양표현 I「기본표현」

2 겸양표현 II「お(ご)~する」

3 미화표현「お(ご)+명사」

4 정중표현「ございます」

❶ 단어와 해당 그림을 선으로 연결하시오.

• <ruby>拝見<rt>はい けん</rt></ruby>する

• <ruby>電話<rt>でん わ</rt></ruby>を つなぐ

• <ruby>申込書<rt>もうし こみ しょ</rt></ruby>を <ruby>書<rt>か</rt></ruby>く

❷ 다음의 표현을 잘 들어보세요.　　　　　　　　　MP3 33

o この <ruby>資料<rt>し りょう</rt></ruby>を <ruby>拝見<rt>はい けん</rt></ruby>します。
이 자료를 보겠습니다.

o <ruby>電話<rt>でん わ</rt></ruby>を おつなぎ します。
전화를 연결하겠습니다.

o <ruby>取引先<rt>とり ひき さき</rt></ruby>から お<ruby>電話<rt>でん わ</rt></ruby>です。　거래처에서 전화입니다.

o こちらが <ruby>申込書<rt>もうし こみ しょ</rt></ruby>で ございます。
이쪽이 신청서입니다.

① 김지후가 이사한 후 깨끗하게 정리된 자신의 방을 보고 있다.　MP3 **34**

① やっと片付（かたづ）いた。

② よし、明日（あした）は初出勤（はつしゅっきん）だ。

③ おはようございます！！

④ おはようございまーす。

⑤ 金（キム）と申（もう）します。

⑥ 分（わ）からない ことばかりでご迷惑（めいわく）を おかけしますが、がんばりますので、よろしくお願（ねが）いいたします！

⑦ はい。よろしく。一緒（いっしょ）に がんばりましょう。

⑧ はい！

TIP 긴장 풀기

주인공 김지후는 첫 출근임에도 그다지 긴장하지 않은 것처럼 보인다. 하지만 보통 첫 출근 때는 긴장하는 사람들이 많을 것이다. 일본에서는 옛날부터 손바닥에 「人」자를 3번 쓴 뒤, 그것을 삼키면 긴장이 풀린다는 이야기가 있다. 의학적인 관점에서 보면 손바닥의 중심에는 마음을 진정시키는 경혈이 있다고 하니, 완전히 미신으로 치부할 것은 아닐지도 모른다.

金 やっと 片付いた。

よし、明日は 初出勤だ。

金 おはようございます！！

会社の人たち おはようございまーす。

金 金と 申します。

分からない ことばかりで ご迷惑を おかけしますが、

がんばりますので、よろしく お願いいたします！

会社の人たち はい。よろしく。一緒に がんばりましょう。

金 はい！

단어

片付く 정리되다

よし 자, 좋아

初出勤 첫 출근

～ばかり ～만, ～뿐

迷惑を かける 폐를 끼치다

① じゃあ、次の
電話は 金さんに 出て
もらいましょう。

② さっき、教えた
とおりに すれば
大丈夫ですよ。

③ あ…はい…。

④ さあ、金さん。

⑤ はい。株式会社
やまかわでございます。
いつも お世話に
なって おります。

⑥ 中村部長
いらっしゃいますか。

⑦ 失礼ですが、
お名前を お伺いしても
よろしいですか。

⑧ よつば電子の
佐藤です。

⑨ 佐藤様ですね。
少々 お待ちください。

⑩ 中村部長、
お電話です。

⑪ 上出来ですよ、
金さん！

TIP 고정 전화＝일반 전화

휴대전화가 아닌 가정이나 회사 등에 설치된 전화를 일본에서는 고정 전화(固定電話)라고 부른다. 이것은 휴대전화 같은 이동식 전화의 보급에 따라, 일정 장소에 고정하여 사용하는 전화를 대비하여 부르게 된 것인데, 특히 가정에 설치한 것은 「家電」이라고도 부른다. 그러나 일반 전화 서비스의 가입자 수는 해마다 감소하고 있다고 한다.

ダイアローグ2　회화2

先輩 じゃあ、次の 電話は 金さんに 出て もらいましょう。

さっき、教えた とおりに すれば 大丈夫ですよ。

金 あ…はい…。

先輩 さあ、金さん。

金 はい。株式会社 やまかわでございます。いつも お世話に

なって おります。

佐藤 中村部長 いらっしゃいますか。

金 失礼ですが、お名前を お伺いしても よろしいですか。

佐藤 よつば電子の 佐藤です。

金 佐藤様ですね。少々 お待ちください。中村部長、お電話

です。

先輩 上出来ですよ、金さん!

단어

電話に 出る 전화를 받다	電子 전자
株式会社 주식회사	様 님
失礼だ 실례이다	上出来だ 썩 잘 되다

文法チェック 문법 체크

1 겸양표현 ┃ **기본표현**

	겸양표현			겸양표현		겸양표현
行く / 来る	参る		言う	申し上げる	もらう	いただく
いる	おる			申す	あげる	差し上げる
する	いたす	食べる / 飲む		いただく	会う	お目に かかる
見る	拝見する	知って いる		存じて おる	聞く / 訪問する	伺う

예문 朴と 申します。
明日は 一日中、家に おります。
友人と 一緒に 先生の お宅に 伺いました。

연습문제

보기 コーヒーを 飲みますか。

→ はい、いただきます。

来週

1 来週も 行きますか。

→ _____

2 この 資料を 見ますか。

→ _____

단어 参る 가다, 오다 ┃ おる 있다 ┃ いたす 하다 ┃ 拝見する 배견하다 ┃ 申し上げる 말씀드리다 ┃ 申す 말하다

いただく 먹다, 마시다 ┃ 存じて おる 알고 있다 ┃ 差し上げる 드리다 ┃ お目に かかる 뵙다 ┃ 伺う 묻다, 듣다, 방문하다
友人 친구 ┃ 資料 자료

2 겸양표현 II **お(ご)～する**

- お + 동사의 ます형 ⎤
- ご + 한어 명사 ⎦ + する ～하다

예문

私が お持ちします。

電話を おつなぎします。

私が ご案内します。

연습문제

보기 品物を 包む

→ 品物を お包みします。

1 サンプルを 送る

→ _____

2 今日中に 連絡する

→ _____

단어

つなぐ 연결하다 ｜ 品物 물건 ｜ サンプル 샘플 ｜ 連絡する 연락하다

3 미화표현 お(ご) + 명사

- お + 고유 일본어 명사
- ご + 한어 명사

(의미) ① 상대방을 높일 때 예 先生からの お話。

② 자신을 낮출 때 예 ご相談したい ことが あります。

③ 격식 있는 표현 예 ご飯、お菓子、おトイレ、お花

예문 おいしそうな お菓子ですね。

取引先から お電話です。

ご契約 ありがとうございます。

연습문제

보기 国は どちらですか

→ お国は どちらですか。

1 こちらの 席へ どうぞ

→ _____

2 結婚 おめでとうございます

→ _____

단어

取引先 거래처 ｜ 契約 계약

4 정중표현 ございます

- ・あります → ございます
- ・〜です → 〜でございます
- *겸양표현이 아닌 점에 주의

예문
地下に 無料駐車場が ございます。
婦人服 売り場は 4階に ございます。
受付は こちらでございます。

연습문제

보기 次の 駅は 渋谷です
→ 次の 駅は 渋谷でございます。

❶ こちらが 申込書です

→ _____

❷ 売店は エスカレーターの 横に あります

→ _____

단어
地下 지하 | 無料 무료 | 駐車場 주차장 | 婦人服 부인복 | 受付 접수 | 渋谷 시부야〈지명〉 | 申込書 신청서
売店 매점 | エスカレーター 에스컬레이터

1 그림을 보고 빈칸에 알맞은 겸양표현을 보기의 단어를 활용하여 써 봅시다.

1

すみません、婦人服 売り場は
何階に ありますか。

3階に＿＿＿＿＿＿＿。

보기　　　ある

2

山田先生、＿＿＿＿＿＿したい
ことが あるんですが、
研究室に＿＿＿＿＿＿も
よろしいでしょうか。

はい、いいですよ。

보기　　　相談、訪問する

2 선생님에게 메일을 쓰고 있습니다. 바른 경어로 고치고, 고칠 필요가 없는 것에는 O를 표시해 봅시다.

새로운 메시지

보내기　채팅　첨부　주소　서체　색상　임시 저장

<small>やま だ せんせい</small>
山田先生

<small>せんせい</small>　<small>ひさ</small>　　　　<small>げん き</small>　　　　<small>わたし</small>　<small>げん き</small>
先生、久しぶりです。元気ですか。私は 元気です。
　　❶　　　　　　❷　　　　　　　　❸

<small>らいしゅう</small>　<small>せんせい</small>　<small>かんこく</small>　<small>く</small>　　<small>き</small>
来週、先生が 韓国に 来ると 聞いて、とても うれしいです。
　　　　　　　　　　❹　　❺

<small>せんせい</small>　<small>あ</small>　　　　<small>ねん</small>
先生に 会うのは 3年ぶりですね。
　　　❻　　　　❼

　　　<small>ひ</small>　　<small>わたし</small>　　　　　　　　<small>かんこう ち</small>　<small>あんない</small>
その 日は、私が いろいろな 観光地を 案内します。
　　　　　　　　　　　　　　　　　　　　❽

<small>き</small>　　　　　　<small>き</small>　　　　　　　　<small>ま</small>
気を つけて 来て ください。待って います。
❾　　　　　❿　　　　　　　　⓫

金ハナ

---

❶ _____　❷ _____

❸ _____　❹ _____

❺ _____　❻ _____

❼ _____　❽ _____

❾ _____　❿ _____

⓫ _____

단어

〜ぶり 〜만

はなしてみよう 말해 봅시다

두 사람이 짝이 되어 보기와 같이 대화를 해 봅시다.

♪ MP3 36

A よかったら、お持ちしましょうか。

B ありがとうございます。助かります。

A いいえ。どういたしまして。

持つ

1

取る

2

手伝う

3

預かる

4

選ぶ

5

貸す

6

自由に 考えて
みましょう

단어

預かる 맡다, 보관하다

単語チェック
단어체크

알고 있는 단어들을 네모 안에 체크해 봅시다.

●● **1류동사**

☐ あずかる(預かる)

☐ いたす

☐ いただく

☐ うかがう(伺う)

☐ おめに かかる(お目に かかる)

☐ おる

☐ かたづく(片付く)

☐ つなぐ

☐ まいる(参る)

●● **2류동사**

☐ さしあげる(差し上げる)

☐ もうしあげる(申し上げる)

●● **3류동사**

☐ はいけんする(拝見する)

●● **な형용사**

☐ しつれいだ(失礼だ)

☐ じょうできだ(上出来だ)

●● **사람**

☐ ゆうじん(友人)

●● **기타**

☐ エスカレーター

☐ かぶしきがいしゃ(株式会社)

☐ けいやく(契約)

☐ しなもの(品物)

☐ しりょう(資料)

☐ サンプル

☐ ちか(地下)

☐ ちゅうしゃじょう(駐車場)

☐ でんし(電子)

☐ とりひきさき(取引先)

☐ はつしゅっきん(初出勤)

☐ ばいてん(売店)

☐ ふじんふく(婦人服)

☐ もうしこみしょ(申込書)

☐ むりょう(無料)

●● **숙어표현**

☐ めいわくを かける(迷惑を かける)

☐ でんわに でる(電話に 出る)

10

参加者には　記念品を
差し上げます

さんかしゃ　　　きねんひん
さ　あ

이 과에서는 수수표현을 활용한 경어에 대해 학습한다.

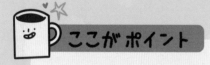

ここがポイント

1 수수표현의 경어

2 행위 수수표현의 경어

3 겸양표현을 사용한 의뢰표현

4 겸양표현을 사용한 허가 요구표현

① 단어와 해당 그림을 선으로 연결하시오.

•

• 差し上げる

•

• 見送る

•

• 翻訳する

② 다음의 표현을 잘 들어보세요.　♪ MP3 **37**

○ **参加者には 記念品を 差し上げます。**
참가자에게는 기념품을 드립니다.

○ **先生に 空港まで 見送って いただきました。**
선생님이 공항까지 바래다주었습니다.

○ **英語に 翻訳して いただけませんか。**
영어로 번역해 주시겠습니까?

○ **先に 帰らせて いただけませんか。**
먼저 돌아가도 괜찮겠습니까?

よんでみよう　읽어 봅시다

1 교수님의 연구실에서　♪MP3 **38**

① 失礼します。

③ よかったら、どうぞ。

⑥ ちょっと 教えて いただけませんか。

② ああ、リンさん、山下さん。どうぞ。

④ いただいて いいんですか。

⑤ 先生、この間 先生が くださった 本、分からない 部分が あるんです。

⑦ あ、そうそう。

⑧ これ、読んで みて ください。役に 立つと 思いますよ。

⑩ 先生、私たち、そろそろ 失礼させて いただきます。ありがとうございました。

⑫ いいですね。金さん 今、お店で 研修中だ そうですよ。

⑨ わあ。一生懸命 読ませて いただきます。

⑪ 金さん、どうしてるでしょうか。あとで 電話して、一緒に 食事でも しましょうか。

TIP 실례합니다(失礼します)

「失礼します」는 방에 들어갈 때나 나갈 때에 자주 사용한다. 또 다른 동료보다 먼저 돌아갈 때에 「お先に 失礼します」라고 말하거나, 함께 있던 상대와 헤어질 때 「안녕히 가세요」라는 의미로도 많이 사용한다.

이 밖에도 말을 걸거나 상대방에게 양해를 구할 때에도 쓰는 표현이다. 거래처나 상사와 같은 손윗사람, 초면인 상대에게 사용할 때는 「失礼いたします」를 사용하도록 하자.

146

ダイアローグ1 회화1

リン・山下	失礼します。
先生	ああ、リンさん、山下さん。どうぞ。よかったら、どうぞ。
山下	いただいて いいんですか。
リン	先生、この間 先生が くださった 本、分からない 部分が あるんです。 ちょっと 教えて いただけませんか。
先生	あ、そうそう。これ、読んで みて ください。役に 立つと 思いますよ。
リン・山下	わあ。一生懸命 読ませて いただきます。
山下	先生、私たち、そろそろ 失礼させて いただきます。 ありがとうございました。

- -

山下	金さん、どうしてるでしょうか。あとで 電話して、一緒に 食事でも しましょうか。
リン	いいですね。金さん 今、お店で 研修中だ そうですよ。

단어

この間 지난번, 요전

部分 부분

一生懸命 열심히

研修中 연수 중

「乾杯」와 관련된 유명한 노래가 있다. 1980년 나가부치 쓰요시(長渕剛)라는 음악가가 만든 노래이다. 인생의 큰 고비에 놓인 사람에게 바치는 응원가로, 「かたい 絆に思いをよせて、語り尽くせぬ青春の日々」라는 도입부로 시작되는 이 곡은 폭발적인 인기를 얻어, 훗날 초등학교 음악 교과서에도 실리게 되었다. 여러분도 꼭 한번 들어보기 바란다.

金（キム）　はい。いらっしゃいませ。

　　　ひろとくん〜！ お父（とう）さん、お母（かあ）さん！

母（はは）　がんばって 働（はたら）いて いるか、見（み）に 来（き）ましたよー。

金（キム）　もうすぐ、仕事（しごと）が 終（お）わりますから、ちょっと 待（ま）って

　　　いて くださいね。

金（キム）　すみませんー。ビール 3つに ジュース 3つ いただけ

　　　ますか。

全員（ぜんいん）　みんなの 新（あたら）しい 出発（しゅっぱつ）に、かんぱーい。

文法チェック 문법 체크

1 수수표현의 경어

- あげる → 差し上げる (내가 다른 사람에게) 드리다
- もらう → いただく (다른 사람에게 내가) 받다
- くれる → くださる (다른 사람이 나에게) 주시다

예문

参加者には 記念品を 差し上げます。

田中さんに 手作りの ジャムを いただきました。

新築祝いに 部長が 食器を くださいました。

연습문제

보기 お中元・ビール・もらった

→ お中元に ビールを いただきました。

1 お歳暮・洗剤・くれた

→ _____

2 敬老の日・和菓子・あげた

→ _____

단어
手作り 수제 | ジャム 잼 | 新築 신축 | 食器 식기 | お中元 백중 선물 | お歳暮 연말 선물 | 洗剤 세제
敬老の日 경로의 날 | 和菓子 일본 과자

2 행위 수수표현의 경어

- ・~て あげる → ~て 差し上げる ~해 드리다
- ・~て もらう → ~て いただく ~해 받다(~가 ~해 주시다)
- ・~て くれる → ~て くださる ~해 주시다

예문

社長の 荷物を 持って 差し上げました。

先生に 空港まで 見送って いただきました。

昔の 話を して くださいました。

연습문제

보기 かさを 貸して あげた

→ かさを 貸して 差し上げました。

1 仕事を 手伝って もらった

→ _____

2 インタビューに 答えて くれた

→ _____

단어

見送る 전송하다, 배웅하다 | インタビュー 인터뷰

3 겸양표현을 사용한 의뢰표현

～て いただけませんか ～해 주시지 않겠습니까?

예문
英語(えいご)に 翻訳(ほんやく)して いただけませんか。
もう少(すこ)し 待(ま)って いただけませんか。
結婚式(けっこんしき)で スピーチを して いただけませんか。

연습문제

보기 相談(そうだん)に 乗(の)る

→ 相談(そうだん)に 乗(の)って いただけませんか。

❶ できるだけ 早(はや)く 来(く)る

→ _____

❷ 願書(がんしょ)の 書(か)き方(かた)を 教(おし)える

→ _____

단어

翻訳(ほんやく) 번역 | スピーチ 스피치 | 相談(そうだん)に 乗(の)る 상담에 응하다 | できるだけ 가능한 한 | 願書(がんしょ) 원서

4

겸양표현을 사용한 허가 요구표현

~(さ)せて いただけませんか　~해도 괜찮겠습니까?

＊~(さ)せて いただきます　~하고자 합니다, ~하도록 하겠습니다
　(화자가 취할 행동에 대한 완곡한 의지표현)

예문　先に　帰らせて　いただけませんか。
　　　週末、車を　使わせて　いただけませんか。
　　　そろそろ　失礼させて　いただきます。

연습문제

보기　もう少し　考える

→　もう少し　考えさせて　いただけませんか。

1　何か　手伝う

→ _____

2　荷物を　ここに　置く

→ _____

 やってみよう 역할 따라 이야기하기 / 경어 퀴즈~!!

♪ MP3 **40**

1 학생과 선생님이 되어 보기와 같이 이야기해 봅시다.

보기

> 金 / 先生に もらった 申請書類を なくして しまった。

A もしもし。お忙しい ところ すみません。金です。

今、お時間 よろしいですか。

B 金さん。こんにちは。どうしましたか。

A あの、実は 先生に いただいた 申請書類を なくして しまったんです。

B そうですか。じゃあ、明日 研究室に 来て ください。

A はい。では、明日 伺う 前に、お電話いたします。失礼します。

1 朴 / 先生が この間 話して くれた 話を 詳しく 聞きたい。

2 林 / 先生に あげた 資料が 去年の ものだった。

3 安 / 先生が 指摘して くれた 部分を 直した。

4 李 / 先生に 貸して もらった 本を 返したい。

 단어

お忙しい ところ 바쁘신데 | 申請 신청 | 詳しい 상세하다 | 指摘する 지적하다

2 힌트를 참고로 하면서 빈칸에 문자를 넣어 봅시다.

1		お			
2				つ	
3			か		
4					れ
5		さ			
6			ま		
7				で	
8			し		
9			た		

ヒント

1 わたしは 今日^{きょう}は ずっと 家^{いえ}に ○○○○。〔います〕

2 大変^{たいへん}そうですね。私^{わたし}も ○○○○○しましょうか。〔手伝^{てつだ}い〕

3 では、明日^{あした}の 3時^じに ○○○○ます。〔訪問^{ほうもん}する〕

4 そのこと、お友達^{ともだち}に ○○○○ましたか。〔話^{はな}す〕

5 お申^{もう}し込^こみの 方^{かた}には プレゼントを ○○○○ます。〔あげる〕

6 少々^{しょうしょう}、○○○○○さい。今^{いま}、お持^もちします。〔待^まつ〕

7 取引先^{とりひきさき}の 社長^{しゃちょう}が ○○○○なりました。〔来^くる〕

8 これ、○○○○○ましたか。おいしいですよ。〔食^たべる〕

9 ○○○○は お吸^すいに なりますか。〔たばこ〕

보기와 같이 이야기해 봅시다.

> **보기**
>
> (先生に) お腹が 痛いので、早退したい
>
> お腹が 痛いので、早退させて <u>いただけませんか。</u>

1 (上司に) プロジェクトに 参加したい

2 (社長に) 海外出張に 行きたい

3 (先輩に) 疲れたので 休みたい

4 (店長に) ここで 働きたい

単語チェック
단어체크

알고 있는 단어들을 네모 안에 체크해 봅시다.

● **1류동사**
- ☐ みおくる(見送る)

● **3류동사**
- ☐ してきする(指摘する)

● **い형용사**
- ☐ くわしい(詳しい)

● **시간을 나타내는 단어**
- ☐ このあいだ(この間)

● **음식**
- ☐ ジャム
- ☐ わがし(和菓子)

● **기타**
- ☐ いっしょうけんめい(一生懸命)
- ☐ インタビュー
- ☐ おうせつしつ(応接室)

- ☐ おせいぼ(お歳暮)
- ☐ おちゅうげん(お中元)
- ☐ がんしょ(願書)
- ☐ けいろうのひ(敬老の日)
- ☐ けんしゅうちゅう(研修中)
- ☐ しょっき(食器)
- ☐ しんせい(申請)
- ☐ しんちく(新築)
- ☐ スピーチ
- ☐ せんざい(洗剤)
- ☐ てづくり(手作り)
- ☐ ぶぶん(部分)
- ☐ ほんやく(翻訳)

● **숙어표현**
- ☐ そうだんに のる(相談に 乗る)

모범답안

Lesson 01
休みに 韓国に 帰ろうと 思います

はじめよう

計画を 立てる

手紙を 渡す

迎えに 来る

연습문제

1
① 拾おう
② 踏もう
③ 遊ぼう
④ 沸かそう
⑤ 尋ねよう
⑥ 起きよう
⑦ 降りよう
⑧ 逃げよう
⑨ 取り替えよう
⑩ 訪問しよう

2
① 来月 郊外に 引っ越そうと 思います。
② 子供に ケーキを 焼いて あげようと 思います。

3
① これからも 勉強を 続ける つもりです。
② 将来 父の 仕事を 手伝う つもりです。

4
① ステレオの 音が 変なんです。
② 今朝から 食欲が ないんです。

5
① もっと まじめに 聞いて ほしいです。
② お年寄りを 大切に して ほしいです。

やってみよう

1
① A：何か あったんですか。
　 B：ペットの 犬が いなく なったんです。
② A：何か あったんですか。
　 B：友達が 約束の 時間に 来ないんです。

③ A：何か あったんですか。
　 B：セールで 欲しかった 服を 買ったんです。

2
→ 私は 母に 靴を 買って ほしいです。
→ 私は 妹に 夜遅くまで テレビを 見ないで ほしいです。
→ 私は 金さんに 日本語を 教えて ほしいです。
→ 私は 李さんに 今週末 一緒に 映画を 見に 行って ほしいです。

3
① A：日本へ 留学しようと 思うんですが、どう 思いますか。
　 B：日本語は もう 上手だから、中国へ 行くのは どうですか。
② A：一人暮らしを しようと 思うんですが、どう 思いますか。
　 B：うーん。実家の ほうが 楽だし 安心だと 思いますよ。
③ A：中古の 車を 買おうと 思うんですが、どう 思いますか。
　 B：中古の 車は 壊れやすいから 新車の ほうが いいと 思いますよ。

はなしてみよう

1
① A：Bさん、今年の 目標は 何ですか。
　 B：私は 今年 英語の 勉強を 始める つもりです。Aさんは。
　 A：私は 今年 資格を 取る つもりです。
　 B：そうですか。お互い がんばりましょう。
② A：Bさん、今年の 目標は 何ですか。
　 B：私は 今年 たばこを 吸わない つもりです。Aさんは。
　 A：私は 今年 お酒を 飲みすぎない つもりです。
　 B：そうですか。お互い がんばりましょう。
③ A：Bさん、今年の 目標は 何ですか。
　 B：私は 今年 お金を ためる つもりです。Aさんは。

A：私は 今年 家を 買う つもりです。

B：そうですか。お互い がんばりましょう。

2 → 今年は 水泳を 習おうと 思って います。

→ 本を たくさん 読もうと 思って います。

→ 日本に 留学しようと 思って います。

Lesson 02

天気が いいと、富士山が見えます

はじめよう

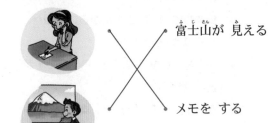

富士山が 見える

メモを する

別荘を 買う

연습문제

1 ① 梅雨が 終わると、暑く なります。
　② 信号が 赤だと、渡れません。

2 ① 講堂を 出ると、友達が 待って いました。
　② 屋上に 上がると、虹が 見えました。

3 ① 借りれば
　② 来れば

4 ① メモを すれば、忘れません。
　② 使い方が 簡単ならば、子供でも 使えます。

5 ① 景色が よかったら、写真を 撮る つもりです。
　② この 番組が 終わったら、食事に 行こうと 思います。

6 ① A：封筒が ないんですが…。
　　B：封筒なら、その 引き出しに 入って いますよ。

② A：ガソリンスタンドを 探して いるんですが…。
　　B：ガソリンスタンドなら、病院の 前に ありますよ。

やってみよう

1 ① それは、あなたが 一番 自信が ある ところです。

② それは、あなたの 仕事での 強みです。

A センス：あなたは すばらしい センスを 生かして 活躍できるでしょう。

B まじめさ：あなたは 几帳面で まじめな 性格で 周りの 信頼を 得るでしょう。

C 人間関係：あなたの 明るさや 人柄の よさで 出世するでしょう。

D アイデア：あなたは みんなが 驚く ような アイデアで 成功するでしょう。

③ それは あなたの 人生で 一番 大切な ものです。
牛：妻、夫、恋人
馬：仕事
猿：子供、親
虎：プライド
羊：お金

2 問題1 どうすれば、日本語が 上手に なりますか。
毎日 日本の テレビを 見れば 日本語が 上手に なります。

問題2 どうすれば、疲れが 取れますか。
ゆっくり 寝れば 疲れが 取れます。

問題3 どうすれば、希望の 会社に 入れますか。
外国語が 上手ならば 希望の 会社に 入れます。
ゆっくり 寝れば 疲れが 取れます。

問題4 どうすれば、お金を 節約できますか。
あまり 外食を しなければ お金を 節約できます。

問題5 どうすれば、新しい 友達を 作る ことが できますか。
自分から 話しかければ 新しい 友達

160

を 作る ことが できます。

問題6 どうすれば、いやな ことを 忘れられ
ますか。
たくさん 笑えば いやな ことを 忘れ
られます。

はなしてみよう

① もし どこでも ドアが あったら、毎日 いろ
いろな 国へ 行きます。そして いろんな
国の 料理を 食べます。

② もし、昔に 戻れたら、高校生の ときに
戻って、一生懸命 勉強します。

Lesson 03

ろうそくの 火が 消えそうです

はじめよう

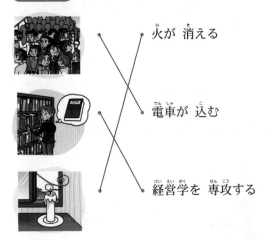

火が 消える

電車が 込む

経営学を 専攻する

연습문제

1 ① 明日は 晴れそうです
明日は 晴れそうに ありません。

② パーティーは 始まりそうです。
パーティーは 始まりそうに ありません。

2 ① この 牛肉は 柔らかそうです。
この 牛肉は 柔らかく なさそうです

② この 糸は 丈夫そうです。
この 糸は 丈夫では なさそうです。

3 ① 部長は 風邪で 参加できないそうです。

② この 時間の 電車は とても 込むそうです。

4 ① その 交差点は 事故が とても 多いらし
いです。

② 部長は 運転免許を 持って いないらしい
です。

やってみよう

1 A：さっき 新聞で 読んだんですけど、東京駅
の 前に、ラーメンの 自動販売機が 設置
されたそうですよ。

B：へえ、知りませんでした。

2 ① 佐藤さんは スポーツが 得意そうです。

② 吉田さんは 気が 強そうです。

③ 田中さんは やさしそうです。

はなしてみよう

① A：Bさん、知ってますか。
B：何ですか。
A：朝運動するより、夜運動する ほうが
健康に いいらしいですよ。
B：本当ですか。
A：わかりませんが、そう 聞きました。

② A：Bさん、知ってますか。
B：何ですか。
A：宝くじに 当たる 確率よりも、雷に 当
たる 確率の 方が 高いらしいですよ。
B：本当ですか。
A：わかりませんが、そう 聞きました。

③ A：Bさん、知ってますか。
B：何ですか。
A：1円玉を 作る ためには 3円 かかる
らしいですよ。
B：本当ですか。
A：わかりませんが、そう 聞きました。

④ A：Bさん、知ってますか。
B：何ですか。
A：日本には コンビニより たくさん 歯医
者が あるらしいですよ。
B：本当ですか。
A：わかりませんが、そう 聞きました。

Lesson 04

今朝 雨が 降ったようです

はじめよう

パンが 固い

体が 弱い

はがきが 届く

연습문제

1
① 美容院は 休みのようです。
② その 地域は 危険なようです。

2
① 隣の お子さんは 体が 弱いみたいです。
② いくら 言っても 無駄みたいです。

3
① この 車は 小さくて まるで 子供の 乗り
物のようです。
② 李さんは スタイルが よくて まるで モ
デルのようです。

4
① この 作品は ベストセラーだから、面白
いはずです。
② 林さんは 書道を 習って いたから、字が
上手なはずです。

やってみよう

1
① A：うちに 誰か いますか。
B：いないみたいですよ。
② A：彼は 試験に 合格しましたか。
B：合格したみたいですよ。
③ A：彼女、昼ご飯を 食べたでしょうか。
B：食べなかったみたいですよ。
（食べて いないみたいですよ）

④ A：田中さん、せきが ひどいですね。
B：かぜを ひいた みたいですよ。

はなしてみよう

① A：山田さんは 明日 来ますか。
B：はい。来るはずですよ。約束しました
から。
② A：来週 会議は ありますか。
B：はい。あるはずですよ。メールが 来
ましたから。
③ A：金さんは お酒が 飲めますか。
B：はい。飲めるはずですよ。この間 酔
っ払って いましたから。
④ A：この ワインは おいしいですか。
B：はい。おいしい はずですよ。高かっ
たですから。
⑤ A：鈴木さんは ピアノが 上手ですか。
B：上手な はずですよ。小さい 頃から
習って いますから。

Lesson 05

バス停に 人が 並んで います

はじめよう

バス停に 並ぶ

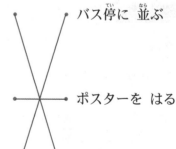
ポスターを はる

予防注射を する

1
① 消す
② つける
③ 閉める
④ 変える
⑤ 届ける
⑥ 集める
⑦ 切る
⑧ 止める
⑨ 落とす
⑩ 治す

2
① 黒板の 前に 立って います。
② 会議は もう 始まって います。

3
① ズボンが 洗って あります。
　ズボンを 洗って います。
② 化粧品が 入れて あります。
　化粧品を 入れて います。

4
① ワイシャツを 洗って おきます。
② 故障の 原因を 調べて おきます。

やってみよう

1 あく → そだつ → きれる → さがる → つく →
こわれる → ひえる → ② とまる

2 → ホテルの 予約を して おきます。
→ 飛行機の チケットを 取って おきます。
→ 天気予報を 調べて おきます。
→ ガイドブックを 準備して おきます。
→ 着て 行く 服を 選んで おきます。

はなしてみよう

① A : 窓は 閉めて ありますか。
　B : はい。閉めました。
② A : ゴミは 捨てて ありますか。
　B : はい。捨てました。
③ A : 財布に クレジットカードは 入れて
　　　ありますか。
　B : はい。入れました。
④ A : 電車の 時間は 調べて ありますか。
　B : はい。調べました。
⑤ A : 泊まる ホテルは 決めて ありますか。
　B : はい。決めました。

Lesson 06

私は 彼に 演劇に 誘われました

はじめよう

 ── 演劇に 誘う

 ── 服を 汚す

 ── 行事を 行う

연습문제

1
① 私は 後ろの 人に 押されました。
② 私は 友達に 結婚式に 招待されました。

2
① 私は 誰かに 足を 踏まれました。
② 私は 泥棒に 宝石を 盗まれました。

3
① 後輩に 遊びに 来られて 困りました。
② 子供に 落書きを されて 困りました。

4
① 韓国の ラーメンは 日本でも 売られて
います。
② 彼の 小説は 多くの 言語に 翻訳されて
います。

やってみよう

1
① A : どうしたんですか。
　B : 犬に めがねを 壊されたんです。
② A : どうしたんですか。
　B : 蚊に 手を 刺されたんです。
③ A : どうしたんですか。
　B : 子供に 本を 破られたんです。

④ A：どうしたんですか。

B：妹に ケーキを 食べられたんです。

⑤ A：どうしたんですか。

B：弟に パソコンを 壊されたんです。

⑥ A：どうしたんですか。

B：誰かに 財布を 盗まれたんです。

はなしてみよう

① 私の 国で 一番 よく 読まれている 作家は ○○です。

② 私の 国で 一番 よく 飲まれて いる 飲み物は ○○です。

③ 私の 国で 世界で よく 知られて いる 人は ○○です。

④ 私の 国で 若い人に よく 歌われて いる 歌は ○○です。

⑤ 私の 国で よく 使われて いる SNSは ○○です。

Lesson 07

母は 兄を 歯医者に 行かせました

はじめよう

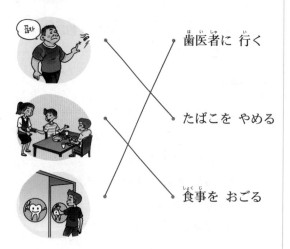

歯医者に 行く

たばこを やめる

食事を おごる

연습문제

1 ① 父は 妹を 塾に 通わせました。

② 先生は 学生を 早退させました。

2 ① 父親は 息子に 犬の 世話を させました。

② 母親は 子供に にんじんを 食べさせました。

3 ① 後輩は 先輩に 部室を 片付けさせられました。

② 部下は 上司に カラオケで 歌を 歌わせられました。

4 ① その 荷物は 私に 持たせて ください。

② 九州への 出張は 私に 行かせて ください。

やってみよう

1 ① A：Bさん、私も 一口 食べさせて ください。甘いものが 大好きなんです。

B：そうですか。じゃあ、どうぞ。

② A：Bさん、私も 一回 やらせて ください。その ゲーム、得意なんです。

B：そうですか。じゃあ、どうぞ。

③ A：Bさん、私も 今日の 会議に 参加させて ください。話したい ことが あるんです。

B：そうですか。じゃあ、どうぞ。

④ A：Bさん、私も 一度 運転させて ください。この 車を 運転して みたいんです。

B：そうですか。じゃあ、どうぞ。

2 ① 私は ロボットに 踊りを 踊らせます。

② 私は ロボットに 皿を 洗わせます。

③ 私は ロボットに レポートを 書かせます。

④ 私は ロボットに ピアノを 弾かせます。

① 私は 踊りを 踊らせられました。

② 私は 皿を 洗わせられました。

③ 私は レポートを 書かせられました。

④ 私は ピアノを 弾かせられました。

はなしてみよう

1 ① 私は 親や 先生に よく 運動を させられます。

② 私は みんなの 前で 歌を 歌わされた こ
とが 嫌でした。
③ ものを 大切に する 心を 学ばせたいです。
2 ③ 歌や ダンスの レッスンを たくさん さ
せます。

Lesson 08
何を 召し上がりますか

はじめよう

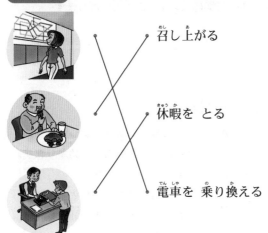

召し上がる

休暇を とる

電車を 乗り換える

연습문제

2 ① 社長は 私に 記念品を くださいました。
② 社長は 今夜 約束が あると おっしゃい
ました。
③ 社長は 久しぶりに ゴルフを なさいました。
④ 社長は 今日 ずっと 会議室に いらっしゃ
いました。
⑤ 社長は レストランで ステーキを 召し上
がりました。
3 ① 社長は 今朝 お出かけに なりました。
② 社長は フランスから お戻りに なりました。
4 ① 次の 駅で お乗り換えください。
② 足元に ご注意ください。
5 ① 社長は 今日の 午後 外出されます。

② 社長は 食後に コーヒーを 飲まれます。

やってみよう

1 ① A：先生、何を 召し上がりますか。
B：じゃ、ぼくは うどんに します。
② A：すみません、コーヒー ひとつ ください。
B：はい、少々 お待ちください。
2 ① −C 不審な 電話が きたら、警察に (お
知らせ)ください。
② −B 滑りやすく なって いますので、(ご
注意)ください。
③ −D 駆け込み 乗車は 危険です。(おやめ)
ください。
④ −F お電話、または メールで (お問い合
わせ)ください。
⑤ −E 家の 工事なら、私たちに (お任せ)く
ださい。

はなしてみよう

① A：社長、今日は、ここまで 何で いらっ
しゃいましたか。
B：車で 来ました。
② A：社長、毎日 何時に お休みに なりますか。
B：10時に 寝ます。
③ A：社長、食事は ご自分で お作りに な
りますか。
B：妻が 作ります。
④ A：社長、どなたと よく お話に なりま
すか。
B：妻と 話します。
⑤ A：社長、どんな 映画を ご覧に なりま
すか。
B：アクション映画を よく 見ます。
⑥ A：社長、どんな 本を よく お読みに な
りますか。
B：小説を よく 読みます。
⑦ A：社長、週末は どのように お過ごしに
なりますか。

B：運動を します。

⑧ A：社長、健康の ために 何を なさって いますか。

B：野菜を よく 食べて います。

⑨ A：社長、今まで、どこに 旅行に いらっしゃいましたか。

B：ヨーロッパを 旅行しました。

Lesson 09

この 資料を 拝見します

はじめよう

 —— 拝見する

 電話を つなぐ

 申込書を 書く

연습문제

1 ① はい、参ります。
② はい、拝見します。

2 ① サンプルを お送りします。
② 今日中に ご連絡します。

3 ① こちらの お席へ どうぞ。
② ご結婚 おめでとうございます。

4 ① こちらが 申込書でございます。
② 売店は エスカレーターの 横に ございます。

やってみよう

1 ① A：すみません、婦人服 売り場は 何階に

ありますか。

B：3階に ございます。

② A：山田先生、ご相談したい ことが あるんですが、研究室に 伺っても よろしいでしょうか。

B：はい、いいですよ。

2 ① お久しぶり　② お元気
③ ○　　　　　④ いらっしゃる
⑤ 伺って
⑥ お目に かかる / お会いする
⑦ ○
⑧ ご案内します / ご案内いたします
⑨ ○
⑩ いらっしゃって
⑪ お待ちして

はなしてみよう

1 ① A：よかったら、お取りしましょうか。
B：ありがとうございます。助かります。
A：いいえ。どういたしまして。

② A：よかったら、お手伝いしましょうか。
B：ありがとうございます。助かります。
A：いいえ。どういたしまして。

③ A：よかったら、お預かりしましょうか。
B：ありがとうございます。助かります。
A：いいえ。どういたしまして。

④ A：よかったら、お選びしましょうか。
B：ありがとうございます。助かります。
A：いいえ。どういたしまして。

⑤ A：よかったら、お貸ししましょうか。
B：ありがとうございます。助かります。
A：いいえ。どういたしまして。

Lesson 10

参加者には 記念品を 差し上げます

はじめよう

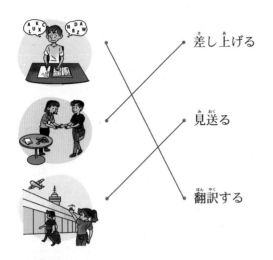

差し上げる

見送る

翻訳する

1 ① お歳暮に 洗剤を くださいました。
　② 敬老の日に 和菓子を 差し上げました。

2 ① 仕事を 手伝って いただきました。
　② インタビューに 答えて くださいました。

3 ① できるだけ 早く 来て いただけませんか。
　② 願書の 書き方を 教えて いただけませんか。

4 ① 何か 手伝わせて いただけませんか。
　② 荷物を ここに 置かせて いただけませんか。

1 ① A：もしもし。お忙しい ところ すみません。
　　　 朴です。今、お時間 よろしいですか。
　　 B：朴さん。こんにちは。どうしましたか。
　　 A：あの、先生が この間 話して くだ
　　　 さった お話を 詳しく お聞きした
　　　 いんです。
　　 B：そうですか。じゃあ、明日 研究室に
　　　 来て ください。
　　 A：はい。では、明日 伺う 前に、お電話
　　　 いたします。失礼します。
　② A：もしもし。お忙しい ところ すみません。
　　　 林です。今、お時間 よろしいですか。
　　 B：林さん。こんにちは。どうしましたか。
　　 A：あの、先生に 差し上げた 資料が
　　　 去年の ものだったんです。

　　 B：そうですか。じゃあ、明日 研究室に
　　　 来て ください。
　　 A：はい。では、明日 伺う 前に、お電話
　　　 いたします。失礼します。
　③ A：もしもし。お忙しい ところ すみませ
　　　 ん。安です。今、お時間 よろしいで
　　　 すか。
　　 B：安さん。こんにちは。どうしましたか。
　　 A：あの、先生が 指摘して くださった
　　　 ところを 直したんです。
　　 B：そうですか。じゃあ、明日 研究室に
　　　 来て ください。
　　 A：はい。では、明日 伺う 前に、お電話
　　　 いたします。失礼します。
　④ A：もしもし。お忙しい ところ すみません。
　　　 李です。今、お時間 よろしいですか。
　　 B：李さん。こんにちは。どうしましたか。
　　 A：あの、先生に 貸して いただいた
　　　 本を お返ししたいんです。
　　 B：そうですか。じゃあ、明日 研究室に
　　　 来て ください。
　　 A：はい。では、明日 伺う 前に、お電話
　　　 いたします。失礼します。

2

①	お	り	ま	す	
②	お	て	つ	だ	い
③	う	か	が	い	
④	は	な	さ	れ	
⑤	さ	し	あ	げ	
⑥	お	ま	ち	く	だ
⑦	お	い	で	に	
⑧	め	し	あ	が	り
⑨	お	た	ば	こ	

① プロジェクトに 参加させて いただけま
　 せんか。
② 海外出張に 行かせて いただけませんか。
③ 疲れたので 休ませて いただけませんか。
④ ここで 働かせて いただけませんか。

2ND EDITION 다락원
뉴코스 일본어

지은이 채성식, 조영남, 아이자와 유카, 나카자와 유키
펴낸이 정규도
펴낸곳 (주)다락원

초판 1쇄 발행 2012년 10월 17일
개정1판 1쇄 인쇄 2023년 9월 13일
개정1판 1쇄 발행 2023년 9월 25일

책임편집 이선미, 송화록
디자인 장미연, 김희정
일러스트 오경진

다락원 경기도 파주시 문발로 211
내용문의: (02)736-2031 내선 460~466
구입문의: (02)736-2031 내선 250~252
Fax: (02)732-2037
출판등록 1977년 9월 16일 제406-2008-000007호

ISBN 978-89-277-1280-0 14730
       978-89-277-1277-0 (set)

http://www.darakwon.co.kr
• 다락원 홈페이지를 방문하시면 상세한 출판 정보와 함께 동영상강좌, MP3 자료 등 다양한 어학 정보를 얻으실 수 있습니다.

일본어 마스터로 가는 새로운 길라잡이

다락원 뉴코스 일본어

채성식·조영남·아이자와 유카·나카자와 유키 공저

STEP
3

별책부록 | 문법 노트

다락원

문법노트

01

休みに 韓国に 帰ろうと 思います

① **동사의 의지형**

동사의 의지형은 화자가 의도적으로 행하고자 하는 행위나 동작을 나타낼 때 주로 사용되며, 동사의 종류에 따라 그 형태를 달리한다. 1류 동사는 어미 「う단」을 「お단」으로 바꾼 후 조동사 「う」를 붙여 만든다(예 行く → 行こ → 行こう). 2류 동사는 어미 「る」를 떼고 「よう」를 붙인다(예 見る → 見 → 見よう). 3류 동사 「する」와 「来る」는 각각 「しよう」(예 する → し → しよう)와 「こよう」(예 来る → こ → こよう)로 활용한다. 일반적으로 이들 동사의 의지형은 여러 문형(예 ~と思う、~とする 등)과 함께 사용되어 화자의 의도를 나타내게 된다(예 行こうと 思う(가려고 생각한다), 行こうと する(가려고 하다)). 단, 단독으로 사용될 경우에는 청유형의 의미를 갖는 점에 주의한다(예 行こう(가자), 見よう(보자), しよう(하자)).

동사의 종류	규칙	동사	의지형	과정
1류 동사	어미 「う단」을 「お단」으로 바꾸고, 「う」를 붙임	行く	行こう	行く → 行こ → 行こ+う → 行こう
2류 동사	어미 「る」를 떼고, 「よう」를 붙임	見る	見よう	見る → 見 → 見+よう → 見よう
		食べる	食べよう	食べる → 食べ → 食べ+よう → 食べよう
3류 동사	불규칙활용	する	しよう	する → し → し+よう → しよう
		来る	来よう	来る → こ → こ+よう → 来よう

② **의사표현 I 「~と思う」**

> 동사의 의지형 + と思う (나는) ~하려고 한다, ~하고자 생각한다

위에서 설명한 바와 같이 동사의 의지형은 여러 문형과 함께 사용되게 되는데, 그중 가장 대표적인 문형이 「~と思う」이다(예 休みに 韓国に 帰ろうと 思います(방학 때 한국에 돌아가려고 생각합니다)). 이때 주의할 점은 이러한 문형의 경우 동작(思う)의 주체가 반드시 '나'라는 1인칭에 한정된다는 점이다(예 (私は) 韓国に 帰ろうと 思います(○) / あなたは 韓国に 帰ろうと 思います(×) / 彼は 韓国に 帰ろうと 思います(×)).

③ **의사표현 Ⅱ「〜つもりだ」**

> 동사의 기본형 + **つもりだ** ~할 생각이다, ~할 작정이다

자신이 의도적으로 행할 동작이나 행위를 나타내는 의사표현에는 의지형 외에도 「つもり(작정,
생각)」를 활용한 문형이 있다(**예** 明日 学校を 休む つもりです(내일 학교를 쉴 작정입니다).
이 문형은 기본적으로 동사의 기본형과 주로 사용되며(**예** 行く つもりです(갈 작정입니다)), 동
사의 의지형이 올 경우 「〜とする」라는 문형과 같이 사용된다는 점에 주의한다(**예** 行こうと
する つもりです(가려고 할 작정입니다)).

④ **의사표현 Ⅲ「〜んだ」**

> 명사·な형용사 + **な** ⎤
> 동사 보통체　　　　　⎟ + **んです** ~인 것입니다
> い형용사　　　　　　⎦

일본어의 의사표현에는 각 품사의 기본형(명사는 그대로 명사)에 형식명사 「の」(회화체 「ん」)를
포함한 「のだ」「んだ」「なんだ」를 활용한 문형(이하 「のだ문」)이 있다(**예** 彼は 学生なんだ
(그는 학생이구나)). 「のだ문」은 기본형의 의미에 화자의 주관적인 판단 혹은 생각을 덧붙이고
자 할 때 주로 사용되며, 앞에 오는 품사의 종류 및 문장체, 회화체의 여부 등에 따라 형태를 달
리한다.
품사상으로 명사와 「な형용사」의 경우 「なんだ」(**예** 学生なんだ, 静かなんだ)가, 동사와 「い
형용사」의 경우는 「んだ」가 사용된다(**예** 行くんだ, おいしいんだ). 한편 문장체의 경우는 「の
だ」가 사용(**예** 学生なのだ, 静かなのだ, 行くのだ, おいしいのだ)된다.
상황적으로 이들 표현이 사용되는 장면은 크게 세 가지로 나뉘는데,

① 화자의 생각이나 주장을 강조해서 표현할 때
　(**예** 頭が 痛くて 行けなかったんです(머리가 아파서 못 갔던 겁니다))
② 화자가 불완전하게 인식하고 있는 상황에 대해 상대방의 확인을 요구할 때
　(**예** 彼女は 政治家なんですか(그녀는 정치가인 겁니까?))
③ 화자 자신이 앞으로 취할 행동에 대해 예고하는 장면
　(**예** ちょっと 質問が あるんですが、(좀 질문할 것이 있습니다만))
　등이다.
한국인 일본어 학습자는 「のだ문」을 지나치게 많이 사용하는 경향이 있으나, 자신의 생각이나
의견이 필요 이상으로 강조되어 상대방에게 전달될 수 있으므로 위에 열거한 상황 이외의 장면
에서는 주의해서 사용하여야 한다.

⑤ 의사표현 Ⅳ「～てほしい」

> 동사의 **て형 + ほしい** ~해 주길 바란다, ~하길 바란다

화자의 입장에서 상대방이나 제3자가 어떠한 행동을 해 주기를 원하거나, 어떤 상황에 있어주기를 바라는 것을 전하는 의사표현에는 「～てほしい」가 있다(예 来年も 遊びに 来て ほしいです(내년에도 (당신이) 놀러 와 주기를 바랍니다). 화자 자신이 하고 싶은 행동이나, 원하는 상황의 경우에는 「ます형+たい」가 사용되나(예 幸せに なりたいです(행복해졌으면 좋겠습니다), 행동이나 상황의 주체가 화자가 아닌 상대방 혹은 제3자일 경우에는 반드시 「～てほしい」를 사용해야 한다(예 幸せに なって ほしいです((당신이) 행복해지기를 바랍니다). 이때 행동이나 상황의 주체는 조사 「に」로 표시하는 것에 주의한다(예 子供に 幸せに なって ほしいです(아이들이 행복해지기를 바랍니다)).

天気が いいと、富士山が 見えます

❶ 가정형 Ⅰ「～と」

> 동사 기본형
> い형용사 기본형
> な형용사 어간＋だ   ＋と ～하면
> 명사＋だ

일본어의 가정형에는 「と」「たら」「ば」「なら」 등의 접속조사를 활용한 다양한 형태가 있으며 각각이 자신만의 고유한 의미를 갖는다.

먼저 「と」의 경우 앞에 오는 문장(이하 조건절)과 뒤에 오는 문장(이하 뒷문장) 사이에는 필연적·항상적 원인과 결과, 즉 필연적·항상적 인과관계가 성립하게 된다(例 春に なると、花が 咲きます(봄이 오면 (반드시) 꽃이 핍니다). 또한 「と」 앞에 오는 품사의 형태는 동사와 형용사의 경우는 기본형이(例 行くと, おいしいと, 元気だと), 명사의 경우는 명사문(例 学生だと)이 오게 된다.

❷ 가정형 Ⅱ「～と」

> 동사의 기본형＋と、～ ～하니(하자), ～

접속조사 「と」는 경우에 따라 조건절과 뒷문장 사이의 단순한 시간관계(시간적 순서)를 나타내는 용법으로 사용될 경우가 있다(例 窓を 開けると、大きな 湖が 見えました(문을 여니(열자) 큰 호수가 보였습니다(○) / 문을 열면 큰 호수가 보였습니다(×)). 이 경우 조건절과 뒷문장의 관계는 인과관계가 아니라는 점에 주의한다.

❸ 가정형 Ⅲ「동사의 ば형」

접속조사 「ば」는 다양한 품사에 붙어 가정형을 만드는 역할을 하는데, 동사의 경우 종류에 따라 그 활용을 달리한다. 1류 동사는 어미를 「え단」으로 바꾸고 「ば」를 붙이고(◉ 行く → 行け + ば → 行けば), 2류 동사는 어미를 떼고 「れば」를 붙인다(◉ 見る → 見 + れば → 見れば). 3류 동사 「する」와 「来る」는 「すれば」「来れば」로 활용한다.

동사의 종류	규칙	동사	ば형	과정
1류 동사	어미를 「え단」으로 바꾸고 「ば」를 붙임	行く	行けば	行く → 行け → 行け + ば → 行けば
2류 동사	어미 「る」를 「れ」로 바꾸고 「ば」를 붙임	見る	見れば	見る → 見 → 見 + れば → 見れば
3류 동사	불규칙활용	する	すれば	する → す → す + れば → すれば
		来る	来れば	来る → く → く + れば → 来れば

❹ 가정형 Ⅳ「〜ば」

동사 ば형
い형용사 어간 + ければ
な형용사 어간 + ならば   ⎤ 〜하면
명사 + ならば

접속조사 「ば」를 포함한 가정형은 '선택상황'에 대한 가정을 의미한다. 여기서 말하는 '선택상황'은 조건절이 뒷문장 성립을 위한 필수적인 조건이 됨을 의미한다. 따라서 조건절이 성립하면 반드시 뒷문장이 성립하게 되고, 반대로 조건절이 성립하지 않으면 뒷문장도 성립하지 않게 된다(◉ メモを すれば、忘れない(메모를 하면 잊지 않는다 = 메모를 안 하면 잊는다 = 잊지 않기 위해서는 반드시 메모를 해야 한다 → '조건절이 뒷문장의 필수적인 조건')). 또한 「ば형」은 위에서도 지적한 바와 같이 품사의 종류에 따라 활용을 달리하는데, 먼저 「い형용사」는 어미인 「い」가 「ければ」로 바뀌게 되며(◉ おいしい → おいしい + ければ → おいしければ), 「な형용사」는 어미인 「だ」를 빼고 「ならば」가 붙으며(◉ 元気だ → 元気だ + ならば → 元気ならば), 명사의 경우는 「ならば」가 그대로 붙는다(◉ 学生 → 学生ならば).

❺ 가정형 Ⅴ「〜たら」

> 동사 과거형 + **たら**
> **い**형용사 어간 + **かったら**
> **な**형용사 어간 + **だったら** 〜하면
> 명사 + **だったら**

접속조사「たら」를 포함한 가정형은 가정표현 중에서도 가장 사용빈도가 높은 가정형으로서 '불확실한 상황에 대한 가정'을 의미한다. 여기서 말하는 '불확실한 상황'이란 조건절의 성립이 확정되지 않은 상황에 대한 가정을 의미한다(예 雨が 降ったら、試合は ありません((만약에)비가 온다면, 시험은 없습니다 → 비가 올지 안 올지가 확실하지 않음 → 불확실한 상황에 대한 가정). 따라서「たら」를 포함한 가정형의 경우 조건절이 뒷문장이 성립하기 위한 전제조건이 된다(예 向こうに 着いたら、すぐ 連絡して ください(그쪽에 도착하면 바로 연락 주세요 = 도착하지 않으면 연락하지 않아도 됨 → 연락하기 위해서는 먼저 그쪽에 도착해야만 함 → 도착하는 것이 연락하기 위한 전제조건이 됨 → 조건절이 뒷문장 성립의 전제조건)).「たら형」역시 품사의 종류에 따라 활용을 달리하는데 기본적으로 각 품사의 과거형과 동일하게 활용한다는 특징을 갖고 있다(예 동사 (行く → 行ったら),「い형용사」おいしい → おいしかったら),「な형용사」(元気だ → 元気だったら), 명사(学生 → 学生だったら).

❻ 가정형 Ⅵ「〜なら」

> 동사 기본형
> **い**형용사 기본형
> **な**형용사 어간 + **なら** 〜라면
> 명사

접속조사「なら」를 포함한 가정형은 '한정상황에 대한 가정'을 나타낸다. 여기서 말하는 '한정상황'이란 조건절이 나타내는 상황이 다른 여타의 상황을 배제한 한정적·제한적 상황임을 의미한다(예 旅行なら、ヨーロッパが いいですよ((다른 것은 몰라도)여행이라면, 유럽이 좋아요)). 따라서「なら」를 포함한 가정형은 조건절이 나타내는 상황 하에서만 제한적으로 뒷문장이 성립함을 나타낸다(예 デパートに 行くなら、一緒に 行きましょう(백화점에 가는 거라면 같이 갑시다 → 같이 가는 것은 백화점에 갈 때에만 해당).「なら형」역시 품사의 종류에 따라 형태를 달리하는데, 먼저 동사와「い형용사」의 경우는 보통체에「なら」가(예 行く → 行くなら, おいしい → おいしいなら), な형용사의 경우는 어간에「なら」가(예 元気だ → 元気なら, 명사의 경우는 그대로「なら」가 붙는다(예 学生 → 学生なら).

03

ろうそくの 火が 消えそうです

① 양태·추량표현 Ⅰ「そうだ Ⅰ」

> 〈긍정형〉 동사의 **ます**형＋**そうです** ～할 것 같습니다
> 〈부정형〉 동사의 **ます**형＋**そうに ありません** ～할 것 같지 않습니다

「そう」는 일반적으로 양태(樣態) 또는 추량(推量)의 「そう」라고 일컬어진다. 여기서 말하는 양태(樣態)란 행위나 동작의 상태나 양상(樣相)을 의미하며, 추량(推量)이란 추측, 짐작을 의미한다. 즉「そう」는 어떤 대상의 겉모습이나 상태(양태)를 보고 추측, 짐작(추량)할 때 주로 사용되는 표현이라고 할 수 있다. 이와 같은 양태·추량 표현에는 「そうだ」이외에도 「らしい」「ようだ」「みたいだ」 등이 있으며 이들은 모두 '～인(일) 것 같다'로 해석되는 경향이 있다. 이들 표현은 어떠한 상황이 일어날 가능성에 대한 판단인가 아닌가, 화자 본인의 직접적인 판단인가 아닌가, 남으로부터 전해들은 정보를 근거로 한 판단인가 아닌가, 아직 실현되지 않은 미래 상황에 대한 판단인가 아닌가, 공적 상황인가 사적 상황인가 등의 다양한 판단 기준에 따라 그 쓰임을 달리한다.

어떤 상황에 대한 일반적인 가능성에 대한 판단을 나타낼 때에는 「そうだ」가 주로 사용되며, 이때 앞에 오는 동사의 형태는 「ます형」이다(圆 雨が 降りそうです(비가 올 것 같습니다)). 회화체(혼잣말이나 친구사이의 대화)에서는 「だ」(혹은 「です」)를 생략한 채로 간단히 「そう」만을 사용할 때도 있다(圆 雨が 降りそう(비가 올 것 같아)). 「そうだ」의 부정형은 「そうではない」보다 「そうにない」라는 형태가 주로 사용된다(圆 次の バスは なかなか 来そうに ありません(다음 버스는 좀처럼 올 것 같지 않습니다)).

「そうだ」는 동사의 「ます형」뿐만 아니라 동사의 보통체와도 같이 사용될 수 있는데, 이 경우 가능성에 대한 판단이 아닌 뒤에서 다루게 될 전언(伝言, ～라고 한다)의 의미가 된다는 점에 주의한다(圆 雨が 降りそうです(비가 올 것 같습니다, 양태표현) / 雨が 降るそうです(비가 온다고 합니다, 전언표현)).

② 양태·추량표현 Ⅱ「そうだ Ⅱ」

> 〈긍정형〉 い형용사의 어간 ┐
>   な형용사의 어간 ┘＋**そうです** ～인(일) 것 같습니다
> 〈부정형〉 い형용사의 어간＋**く** ┐
>   な형용사의 어간＋**では** ┘＋**なさそうです** ～지 않을 것 같습니다

화자가 본인의 신체감각기관(圆 눈, 코, 입 등)을 통해 느끼고 보고 생각한 것을 토대로 판단을 내릴 경우에도 「そうだ」가 주로 사용된다(圆 この ケーキは おいしそうです(이 케이크는 맛

있을 것 같습니다 → (내가 직접 눈으로 보고 판단컨대) 이 케이크는 맛이 있을 것 같다). 위에서 언급한 바와 같이 동사의 경우는 「そうだ」 앞에 「ます형」이 왔으나, 「い·な형용사」의 경우는 「そうだ」 앞에 각각의 어간이 온다(예 おいしい → おいしい＋そうだ → おいしそうだ、静かだ → 静かだ＋そうだ → 静かそうだ), 동사와 마찬가지로 「い·な형용사」의 보통체가 「そうだ」와 결합하면 전언의 의미로 해석된다(예 おいしいそうだ(맛있다고 하더라), 静かだ そうだ (조용하다고 하더라)).

또한 부정형의 경우, 「い·な형용사」를 먼저 부정형으로 만든 후, 「そうだ」를 붙여서 부정형을 만든다는 점이 동사의 경우와 구별된다(예 おいしい → おいしくない → おいしく なさそうだ (맛있을 것 같지 않다) / 静かだ → 静かではない → 静かでは なさそうだ(조용할 것 같지 않다)). 이때 부정형 「ない」가 양태의 의미를 갖는 「そうだ」 앞에 위치하면 「なさ」로 어형이 바뀌게 되며(예 おいしく なさそうだ), 「いい(좋다)」는 「よさ」로 바뀌는 것에 주의한다(예 よさ そうだ(좋을 것 같다)).

회화체(혼잣말이나 친구사이의 대화)에서는 동사와 마찬가지로 「だ」(혹은 「です」)를 생략한 채로 간단히 「そう」만을 사용할 때도 있다(예 この ケーキ おいしそう(이 케이크 맛있겠네)).

❸　전언표현 「そうだ Ⅲ」

동사의 보통체 い형용사의 보통체 な형용사의 보통체 명사＋だ	＋そうです　～(라)고 합니다

위에서 언급한 바와 같이 동사와 「い·な형용사」의 보통체, 그리고 명사문(명사＋だ)이 「そうだ」의 앞에 위치하면 「そうだ」는 양태의 의미가 아닌 전언(伝言, ～라고 한다)의 의미를 갖게 된다 (예 雨が 降るそうだ(비가 온다고 합니다(○) / 비가 올 것 같습니다(×)). 이와 같은 전언표현의 부정형은 「そうだ」 앞에 오는 품사를 먼저 부정형으로 만든 후 「そうだ」를 붙여서 만든다 (예 雨が 降る → 雨が 降らない → 雨が 降らないそうだ(비가 오지 않는다고 한다)). 이때 양태표현의 부정형과는 달리 전언표현의 부정형은 「ない」가 「なさ」로 변하지 않는 점에 주의한다 (예 学生では ないそうだ(학생이 아니라고 한다 → 전언표현의 부정형) / 学生では なさそうだ(학생이 아닌 것 같다 → 양태표현의 부정형)).

❹ 양태·추량표현Ⅲ「らしい」

동사의 보통체
い형용사의 보통체
な형용사의 어간(현재)
  * **な**형용사 보통체(과거, 부정)
명사
　　　　　　　　　+ **らしいです**　(들은 바에 의하면) ~인 것 같습니다

일본어의 대표적인 양태·추량표현에는 「そうだ」이외에도 「らしい」가 있다. 「らしい」가 「そうだ」와 구별되는 가장 큰 특징은 '자신의 주체적인 판단'이 아닌 '외부로부터 얻은 정보에 의한 판단'의 성격이 강하다는 것이다(**예** おいしそうです((내가 판단컨대) 맛이 있을 것 같다) / おいしいらしいです((들은 바에 의하면) 맛이 있을 것 같다)). 「らしい」앞에 오는 품사의 형태는 동사와 「い형용사」의 경우는 보통체이며(**예** 雨<ruby>が<rt>あめ</rt></ruby> 降<ruby>る<rt>ふ</rt></ruby>らしいです、おいしいらしいです), 「な형용사」의 경우는 기본적으로 어간이 오게 되나(**예** 静<ruby>かだ<rt>しず</rt></ruby> → 静<ruby>かだ<rt>しず</rt></ruby>+らしい → 静<ruby>から<rt>しず</rt></ruby>しい), 과거형과 부정형의 경우에는 보통체가 온다는 점에 주의한다(**예** 静<ruby>かだったらしい<rt>しず</rt></ruby>, 静<ruby>かではないらしい<rt>しず</rt></ruby>)).

今朝 雨が 降ったようです

① 양태·추량표현 Ⅳ「ようだ Ⅰ」

> 동사 보통체
> い형용사 보통체
> な형용사 어간 + な ┐
> 명사 + の ┘ + **ようです** ～인 것 같습니다

일본어의 양태·추량 표현에는 앞에서 다룬 「そうだ」「らしい」 이외에도 객관적인 근거에 의한 판단을 나타내는 「ようだ」가 있다. 「ようだ」는 다른 양태·추량 표현과 비교하여 화자 자신의 주관적 의견이 최대한 배제된 객관적 판단을 나타내므로 주로 공적인 장면이나 뉴스 등에서 많이 사용되는 경향이 있다(예 道が ぬれて います。今朝、雨が 降ったようです(길이 젖어있는 것을 보니 오늘 아침에 비가 왔던 것 같습니다 → 길이 젖어있는 사실이 판단의 객관적 근거). 「ようだ」 앞에 오는 품사의 형태는 동사와 「い형용사」의 경우 보통체이며(예 降ったようです, 忙しいようです), 「な형용사」는 어미인 「だ」를 「な」로 바꾼 후 「ようだ」를 연결하며(예 静かだ → 静かだ → 静かな → 静かなようです), 명사는 「の」를 뒤에 붙인 후 「ようだ」를 연결한다(예 学生 → 学生の → 学生のようです).

② 양태·추량표현 Ⅴ「みたいだ」

> 동사 보통체
> い형용사 보통체
> な형용사 어간(현재) ┐
> *な형용사 보통체(과거, 부정) │ + **みたいです** ～인 것 같습니다
> 명사 ┘

일본어 양태·추량표현 중에서 주로 회화체에 많이 사용되는 형식이 「みたいだ」이다(예 新しい 図書館が できたみたいです(새로운 도서관이 생긴 것 같습니다)). 양태·추량의 「そうだ」와 마찬가지로 혼잣말이나 친구사이의 대화 등의 장면에서는 뒤의 「だ」(혹은 「です」)를 생략한 「みたい」만으로도 동일한 의미를 나타낼 수 있다(예 新しい 図書館が できたみたい(새로운 도서관이 생긴 것 같네)).

「みたい」 앞에 오는 품사의 형태는 동사와 「い형용사」의 경우는 보통체이며(예 映画は まだ 続くみたいです, 都会の 生活は とても 厳しいみたいです), 「な형용사」의 경우는 기본적으로 어간이 오게 되나(예 無駄だ → 無駄だ + みたいです → 無駄みたいです), 과거형과 부정형의 경우에는 보통체가 온다는 점에 주의한다 (예 無駄だったみたい, 無駄では なかったみたい). 한편 명사의 경우는 바로 「みたいだ」를 붙인다(예 学生みたいだ).

❸ 비유표현「ようだⅡ」

> **～のように** ~와 같이 + 동사/**な**형용사/**い**형용사
> **のような** ~와 같은 + 명사
> 명사 + **のようだ** ~와 같다

「ようだ」는 양태·추량 표현 이외에도 비유표현으로 사용할 수 있다(**예** まるで 本物（ほんもの）の ダイヤ のようです(마치 진짜 다이아몬드 같습니다)). 특히 「ようだ」는 「ように(~처럼, ~같이)」, 「よ うな(~같은)」처럼 문맥에 따라 다양한 형태로 활용이 가능하다(**예** この 街（まち）は 絵（え）のように 美（うつく） しいです(이 거리는 그림처럼 아름답습니다), うそのような 本当（ほんとう）の 話（はなし）を 聞（き）きました(거짓말 같은 진짜 이야기를 들었습니다)). 단, 회화체에서는 주로 みたいだ를 사용하며 명사에 바로 접 속할 경우에는 명사+みたいだ를 사용한다.

❹ 판단표현「はずだ」

> 동사 보통체
> **い**형용사 보통체
> **な**형용사 어간 + **な**(현재)
> ＊**な**형용사 보통체(과거, 부정)
> 명사 + **の**
>
> + **はずです** ~임에 틀림없습니다, ~일 것입니다

일본어의 양태·추량표현 중에는 화자의 강한 확신에 근거한 주관적 판단을 나타내는 「はずだ」 가 있다(**예** 彼（かれ）は もうすぐ 来（く）るはずです(그는 바로 곧 올 것임에 틀림없다)). 「はずだ」 앞에 오는 품사의 형태는 동사와 「い형용사」의 경우 보통체가 오며(**예** 来（く）るはずです, 正（ただ）しいはず です), 「な형용사」의 경우는 기본적으로 어미인 「だ」를 「な」로 바꾼 후 「はずだ」를 연결하나 (**예** 上手（じょうず）だ→上手（じょうず）だ→上手（じょうず）な→上手（じょうず）なはずです), 과거형과 부정형의 경우에는 보통체가 온다 는 점에 주의한다(**예** 上手（じょうず）だった はずです, 上手（じょうず）では ないはずです). 한편 명사의 경우는 뒤 에 「の」를 붙인 후 「はずだ」를 연결한다(**예** 犯人（はんにん）は 左利（ひだりき）きのはずです(범인은 왼손잡이임에 틀림없습니다)). 단, 회화체에서는 주로 みたいだ를 사용하며 명사에 바로 접속할 경우에는 명 사+みたいだ를 사용한다.

05

バス停に 人が 並んでいます

❶ 자동사·타동사

> 자동사 - ① 동작의 영향이 미치는 대상이 주어
>
> ② 목적어를 취하지 않음
>
> 예 窓が 開く 창문이 열리다
>
> 타동사 - ① 동작의 영향이 주어가 아닌 다른 대상에게 미치는 동사
>
> ② 목적어를 취함
>
> 예 山田さんが 窓を 開ける 야마다 씨가 창문을 열다

일본어는 다른 언어와 마찬가지로 자동사와 타동사(이하 자타동사)의 구별이 있다. 일반적으로 자동사는 동사가 나타내는 동작·상태의 영향을 주어가 직접 받게 되는 것을 나타내는 데 비해(예 窓が 開く(창이 열리다 → 열리는 주체가 주어인 窓), 타동사의 경우는 주어가 어떤 대상에 대해 직접적 혹은 간접적으로 영향을 끼쳐 그 대상에 어떠한 변화가 일어남을 나타낸다(예 窓を 開ける(창을 열다 → (내가) 창에 영향을 끼쳐 창이 열린 상태가 됨)). 따라서 일본어의 경우 자타동 사를 구별할 수 있는 가장 큰 요소는 동사 앞에 오는 '조사'의 차이이다.

자동사의 경우, 동사가 나타내는 동작이 영향을 미치는 직접적인 대상이 주어가 되므로 주격조 사 「が」 또는 「は」와 같이 쓰인다(예 窓が 開く(창문이 열리다 → 열리는 대상이 주어인 창문). 한편 타동사의 경우는 동작의 영향이 주어가 아닌 다른 대상(목적어)에 미치게 되므로 목적어를 나타내는 대격조사 「を」와 같이 사용된다(예 山田さんは 窓を 開ける(야마다씨는 창문을 연 다 → 여는 대상이 목적어인 창문). 단, 자동사 중에도 조사 「を」를 동반하는 것도 있으나(예 走 る, 歩く, 行く, 登る 등), 이 경우 「を」 앞에 오는 명사는 목적어가 아닌 동작이 일어나고 있는 장소나 이동경로를 나타낸다(예 道を 歩く(길을 걷다 → 걷는 동작이 일어나고 있는 장소가 길 이라는 것을 나타냄), 山を 登る(산을 오르다 → 오르는 장소 또는 이동경로가 산이라는 것을 나 타냄). 일본어의 자타동사는 몇 가지 규칙에 따라 쌍(자동사와 타동사의 대응, 이하 자타대응)을 이루게 되는데, 규칙에 따르지 않는 자타대응도 있으므로 주의를 요한다. 일반적인 자타대응의 규칙을 정리하면 다음과 같다.

① 자동사가 [-aru]로 끝나고 타동사가 [-eru]가 끝나는 쌍(예 上がる(오르다) / 上げる(올리다))

② 자동사가 [-u]로 끝나고 타동사가 [-eru]로 끝나는 쌍(예 開く(열리다) / 開ける(열다))

③ 자동사가 [-eru]로 끝나고 타동사가 [-asu]로 끝나는 쌍(예 出る(나오다) / 出す(내다))

④ 자동사가 [-ru]로 끝나고 타동사가 [-su]로 끝나는 쌍(예 治る(낫다) / 治す(낫게 하다))

⑤ 자동사가 [-reru]로 끝나고 타동사가 [-su]로 끝나는 쌍(예 壊れる(망가지다) / 壊す(망가뜨 리다))

⑥ 자동사가 [-iru]로 끝나고 타동사가 [-osu]로 끝나는 쌍(예 落ちる(떨어지다) / 落とす(떨어 뜨리다))

⑦ 그 외의 경우(예 消える(꺼지다) / 消す(끄다))

자동사	타동사	자동사	타동사
上がる(-aru)	上げる(-eru)	続く	続ける
集まる	集める	届く	届ける
変わる	変える	並ぶ	並べる
決まる	決める	出る(-eru)	出す(-asu)
下がる	下げる	冷える	冷やす
閉まる	閉める	治る(-ru)	治す(-su)
止まる	止める	渡る	渡す
始まる	始める	壊れる(-reru)	壊す(-su)
見つかる	見つける	落ちる(-iru)	落とす(-osu)
開く(-u)	開ける(-eru)	消える(その他)	消す(その他)
育つ	育てる	切れる	切る
立つ	立てる	なくなる	なくす
つく	つける	入る	入れる

❷ 자동사(상태동사)의 「ている형」

> 상태동사의 「ている형」 → ~되어 있는 상태(상태·결과의 지속) 예 壊れて いる 망가져 있다
>
> *동작동사의 「ている형」 → ~하고 있는 중(동작의 진행) 예 走って いる 달리고 있다

일본어 동사는 자타동사의 구별 이외에도 상태동사와 동작동사의 구별이 있다. 일반적으로 상태동사란 정적(靜的)인 상황이나 상태를 나타내는 동사로서 주로 자동사이며, 사람이 행하는 동작이나 행위의 의미를 갖지 않는다(예 壊れる(망가지다), 届く((물건이)도착하다), 続く(계속되다) 등).

이에 비해 동작동사는 일반적으로 사람이 주체적·의지적으로 행하는 동적(動的)인 동작이나 행위의 의미를 갖는 동사를 말한다(예 歩く(걷다 → 사람의 의지적 행위)). 단 주체가 반드시 사람이 아니더라도 동적인 의미가 강한 동사의 경우 역시 동작동사라고 할 수 있다(예 風車が 回る(풍차가 돈다 → 사람이 주체가 아니나 동적인 의미를 나타내므로 回る는 동작동사)).

여기서 한 가지 주의할 점은 상태동사는 자동사인 경우가 많으나 동작동사의 경우는 타동사뿐만이 아니라 자동사의 경우도 포함되며(예 壊れる(자동사, 상태동사), 歩く(자동사, 동작동사),

食べる(타동사, 동작동사)), 이들 상태동사와 동작동사는 「ている형」으로 사용될 때 각기 나타내는 의미가 다르다.

먼저 상태동사의 ている형은 대체로 어떠한 상황이 진행되어 종료된 상태나 결과가 현재까지 지속되고 있음을 의미한다(🔵 パソコンが 壊れて います(컴퓨터가 망가져 있습니다 → 컴퓨터가 망가진 상태가 현재까지 계속 이어지고 있음), 注文した 本は もう 届いて います(주문한 책이 벌써 도착하였습니다 → 주문한 책이 벌써 도착을 했고, 도착한 상태가 현재에도 지속되고 있음)).

한편 동작동사의 「ている형」은 주로 현재 진행 중인 동작의 의미, 즉 현재 진행형의 의미를 나타낸다(🔵 ご飯を 食べて います(밥을 먹고 있습니다 → 현재 진행의 의미), 本を 読んで います(책을 읽고 있습니다 → 현재 진행의 의미)).

③ 타동사의 「てある형」

> 타동사의 「てある형」 → ~해 있다, ~한 상태이다(상태의 진행) 🔵 閉めて ある 닫혀 있다
> * 타동사의 「ている형」 → ~하고 있는 중이다(동작의 진행) 🔵 切って いる 자르고 있다

일본어 동사는 「ている형」 외에도 「てある형」으로도 사용이 가능하다. 일반적으로 타동사가 「てある형」으로 주로 사용되는데 이때 타동사가 갖는 원래 의미인 '동작·행위의 의미'가 아닌 '동작·행위로 인해 발생한 상태(의 지속)', 즉 자동사의 의미를 갖는다는 점에 주의한다(🔵 閉める (닫다 → 동작·행위) / 閉めて ある(닫혀 있다 → 상태의 지속)). 따라서 동사의 「てある형」에 오는 조사는 동사가 타동사임에도 불구하고 주격조사가 오게 된다(🔵 窓を 閉める / 窓が 閉めて ある). 또한 동사의 「てある형」은 일반적인 타동사와는 달리 동작·행위의 주체가 명확하지 않다는 점에도 주의한다(🔵 窓を 閉めた(문을 닫았다 → 문을 닫은 동작의 주체는 '나') / 窓が 閉めて ある((누가 닫았는지는 모르겠으나) 문이 닫혀 있다 → 문을 닫은 주체가 명확하지 않음)).

④ ~ておく

> 타동사 + ておきます ~해 둡니다

일본어에는 한국어의 '~해 두다'와 같이 동작의 완료를 강조하는 표현으로 「~ておく」 표현이 있다(🔵 する(하다) / しておく(해 두다)).

私は 彼に 演劇に 誘われました

❶ 수동표현Ⅰ「일반적인 수동」

> 〈능동문〉 先生は 私を 呼びました。 선생님은 나를 불렀습니다.
>
> 〈수동문〉 私は 先生に 呼ばれました。 나는 선생님에게 불렸습니다.

능동문과 수동문의 가장 큰 차이는 주어와 목적어 중 어느 쪽을 중심으로 문장이 서술되는가에 있다. 일반적으로 문장 내에서 가장 중요한 요소는 주어의 자리에 오게 되는데, 능동문의 목적어를 주어의 자리로 이동시켜 이를 중심으로 문장을 재구성한 것이 바로 수동문이라고 할 수 있다(예 先生は 私を 呼びました → 私は 先生に 呼ばれました). 이때 주어는 목적어의 위치로 이동하게 되며 그에 따라 조사와 동사의 형태에 변화가 생기게 되는데, 이때 변화된 동사의 형태를 수동형이라고 한다(예 先生は 私を 呼びました → 私は 先生に 呼ばれました).

동사의 수동형은 동사의 종류에 따라 각각 그 형태를 달리하는데, 1류 동사는 어미「う단」을 「あ단」으로 바꾼 후「れる」를 붙여서 만들고(예 書く → 書かれる), 2류 동사는 어미「る」를 떼고「られる」를 붙인다(예 見る → 見る → 見られる), 3류 동사「する」와「来る」는「される」와「来られる」로 활용한다.

동사의 종류	규칙	동사	수동형	과정
1류 동사	어미「う단」을 「あ단」으로 바꾸고, 「れる」를 붙임	書く	書かれる	書く → 書か → 書か+れる → 書かれる
2류 동사	어미「る」를 떼고, 「られる」를 붙임	見る	見られる	見る → 見 → 見+られる → 見られる
3류 동사	불규칙활용	する	される	する → される
		来る	来られる	来る → 来られる

수동문은 능동문으로 표현할 수 없는 다양한 의미를 나타내기 위해 사용되며(예 피해의 수동, 이하 참조), 일본어는 능동문이 발달한 한국어에 비해 수동문이 발달되어 있어 한국어로 해석했을 때 부자연스러운 표현이라도 실제로 많이 사용된다(예 私は 母に 起こされました(엄마가 나를 깨웠습니다(○) / 나는 엄마에게 깨워짐을 당했습니다(×) → 일본어의 수동문 중에는 한국어로는 능동문으로 해석해야 하는 경우가 있음).

❷ 수동표현 Ⅱ「소유물의 수동」

〈능동문〉 父親が 私の 頭を たたきました。 아버지가 내 머리를 때렸습니다.

〈수동문〉 私は 父親に 頭を たたかれました。 나는 아버지에게 머리를 맞았습니다.

위에서 언급한 바와 같이 일반적으로 수동문은 능동문의 목적어를 주어의 자리로 이동시킨 형태의 문장을 말하나 경우에 따라 목적어 중 일부분을 이동시키는 경우도 있다(例 父親が 私の 頭を たたきました → 私は 父親に 頭を たたかれました). 이처럼 목적어 중 일부가 주어로 이동하기 위해서는 '주어로 이동한 명사'와 '목적어 자리에 남아 있는 명사' 사이에 '소유자'와 '피소유자(소유물)'의 관계가 성립하여야 한다(例 私の頭、妹の服、私の名前、私の作文(내가 쓴 작문 → '나'와 '작문'은 넓은 의미에서의 소유관계) 등).

❸ 수동표현Ⅲ「피해의 수동, 자동사의 수동」

〈능동문〉 赤ちゃんが 泣いて 眠れませんでした。 아기가 울어서 잠을 못 잤습니다.

〈수동문〉 赤ちゃんに 泣かれて 眠れませんでした。 아기가 울어서 잠을 못 잤습니다.

일반적으로 수동문은 주어와 목적어를 동시에 갖춘 문장에서 목적어를 주어의 위치로 이동시키게 되므로 등장하는 동사의 종류는 타동사여야 한다(例 私は 先生に 呼ばれました → 「呼ぶ」는 타동사). 그러나 일본어에는 타동사가 아닌 자동사를 수동형으로 바꾼 수동문이 존재하는데 이를 '자동사의 수동'이라고 부른다(例 赤ちゃんに 泣かれて 眠れませんでした → 「泣く」는 자동사). 이러한 '자동사의 수동'은 일반적으로 주어에게 있어 불리한 상황이나 피해가 되는 상황을 나타내는 경우가 많으므로 '피해의 수동'이라고도 불린다(例 雨に 降られて ぬれてしまいました(비를 맞아서 젖고 말았습니다 → 비를 맞은 것은 (나)에게 있어 불리한 상황 혹은 피해를 나타냄).

4 수동표현 Ⅳ「무생물 주어의 수동」

> 무생물 주어 + 수동형
> ① 사람, 동물 이외의 주어(불특정 다수)가 등장하는 수동문
> ② 누구에 의한 행위인가는 중요하지 않음

일본어의 수동문에는 일반적인 수동문과는 달리 주어의 위치에 사람, 동물 이외의 사물(๗ 무생물주어)이 등장하는 경우가 있는데, 이를 '무생물 주어 수동'이라고 부른다(๗ この 本は 世界中で 読まれて います(이 책은 전 세계에서 읽혀지고 있습니다)). 이러한 '무생물 주어 수동'은 '누구에 의한 행위'인가를 중요시 하지 않으며, 오로지 주어에 위치한 명사의 '성질, 성격, 위상, 평가' 등을 나타내는 것을 목적으로 사용된다(๗ この 本は 世界中で 読まれて います(이 책은 전 세계에서 읽혀지고 있습니다 → 이 책은 전 세계에서 읽혀지고 있는 만큼 유명한 책이다).

母は 兄を 歯医者に 行かせました

❶ 사역표현Ⅰ「～を～(さ)せる」

> **Aは Bを ～(さ)せる** A는 B를 ~하게 하다(시키다)

한국어의 '~하게 하다'에 해당하는 일본어의 사역(使役)표현에는 동사의 사역형(~(さ)せる)을 활용한 표현이 대표적이다(예 コーチは 選手を 走らせました(코치는 선수를 뛰게 했습니다)). 이러한 사역표현은 사역자가 피사역자에게 지시 혹은 명령을 내려 피사역자로 하여금 어떠한 행동을 취하게 한다는 의미를 갖는다.

동사의 사역형은 동사의 종류에 따라 형태를 달리하는데, 1류 동사는 어미「う단」을「あ단」으로 바꾼 후「せる」를 붙여 만들고(예 書く → 書か+せる → 書かせる), 2류 동사는 어미「る」를 떼고「させる」를 붙여 만든다(예 見る → 見+させる → 見させる). 3류 동사「する」와「来る」는「させる」와「来させる」로 활용한다.

동사의 종류	규칙	동사	사역형	과정
1류 동사	어미「う단」을 「あ단」으로 바꾸고, 「せる」를 붙임	書く	書かせる	書く → 書か → 書か+せる → 書かせる
2류 동사	어미「る」를 떼고, 「させる」를 붙임	見る	見させる	見る → 見 → 見+させる → 見させる
3류 동사	불규칙활용	する	させる	する → させる
		来る	来させる	来る → こ → こ+させる → 来させる

또한 대상(사람 혹은 동물)에 대한 직접적인 지시(사역)를 나타내는 경우, 지시를 받는 직접적인 대상, 즉 피사역자를 조사「を」로 나타낸다(예 先生は 学生を 立たせました(선생님은 학생을 세웠습니다)).

한국어의 사역에는 '~하게 하다'라는 형태 이외에도 사역접사('이', '히', '리', '기')를 활용한 형태가 있다(예 먹이다, 읽히다, 불리다 등). 일본어의 사역에도 이와 유사한 구별이 있는 경우가 있으나(예 着せる(입히다) / 着させる(입게 하다)) 수적으로 그리 많지는 않다.

❷ 사역표현Ⅱ「～に～を～(さ)せる」

> **Aは Bに Cを ～させる** A는 B에게 C를 ~하게 하다(시키다)

일본어의 사역표현에는 피사역자를「に」로 표시하고 구체적인 지시내용을「を」로 나타내는 형태가 존재한다(예 先生は 生徒に 宿題を させました(선생님은 학생들에게 숙제를 시켰습니다)).

❸ 사역수동표현Ⅲ「〜に〜を〜(さ)せられる」

Ａは　Ｂに　Ｃを　〜させられる　Ａ는 Ｂ로 인해 (할 수 없이, 억지로) Ｃ를 〜하게 되다

〈동사의 사역수동형〉

1류 동사 : 사역형에서 어미「う단」을 떼고「られる」를 붙임

🔲 書_かく → かかせる + られる → 書_かかせられる (=書_かかされる)

2류 동사 : 사역형에서 어미「る」를 떼고「られる」를 붙임

🔲 食_たべる → 食_たべさせる + られる → 食_たべさせられる

3류 동사 : 불규칙으로 활용함

🔲 する → させる + られる → させられる

🔲 来_くる → 来_こさせる + られる → 来_こさせられる

일본어의 사역표현 중에는 '사역수동(사역형+수동형)'이라는 형태가 있어, 자신이 하고 싶지 않은 일을 누구가로부터 지시를 받아 억지로 하게 되었음을 나타낼 때 주로 사용된다(🔲 生徒_{せいと}は 先生_{せんせい}に 英単語_{えいたんご}を 覚_{おぼ}えさせられました(학생들은 선생님의 지시로 영어 단어를 (억지로) 외우게 되었다)). 이러한 '사역수동'은 그 명칭에서도 알 수 있듯이 사역형과 수동형이 결합되어 있는 형태로 조사는 수동형(「られる」)의 영향을 받아 결정되며(🔲 先生_{せんせい}に 叱_{しか}られました(수동형) / 父_{ちち}に 犬_{いぬ}の 散歩_{さんぽ}を させられました(사역수동형)), 의미적으로는 화자에게 있어서의 피해 혹은 불이익의 뉘앙스를 갖는다(🔲 私_{わたし}は 毎日_{まいにち} 父_{ちち}に 犬_{いぬ}の 散歩_{さんぽ}を させられました(나는 매일 아버지 때문에 억지로 개의 산책을 시킬 수밖에 없었다 → 내가 하고 싶은 일이 아님 → 나에게 있어 피해·불이익)).

＊1류 동사 사역수동의 경우「〜せられる」를「〜される」로 축약할 수 있다. 단,「す」로 끝나는 동사의 경우는 축약할 수 없다.

🔲 書_かく(1류 동사) → 書_かかせる + られる → 書_かかせられる

ǁ　　　　　　　　　　ǁ

↘ 書_かかす + られる → 書_かかされる(축약형)

❹　사역표현Ⅳ「～(さ)せて ください」

> **사역형의 て형 + ください** ～하게 해 주세요
> (자신이 취할 행위에 대해 상대방의 허가를 요청하는 표현)

동사 사역형의 「て형」이 「ください」와 같이 사용되면 자신이 하고 싶은 행위에 대해 상대방의 허가를 요청하는 '~하게 해 주세요'라는 의미가 된다(❹ その 仕事を 私に やらせて ください (그 일을 나에게 할 수 있게 해 주세요)). 이 경우 자신이 결국 행위를 수행한다는 점에서 보통의 능동문과 유사하다고 볼 수 있으나, 상대방의 허가를 얻어 행위를 수행한다는 점에서 능동문에 비해 완곡한 의지표현이라고도 할 수 있다(❹ 写真を 撮らせて ください (사진을 찍도록 해 주세요 → 사진을 찍는 주체는 나 → 자신이 하고 싶은 행위를 상대방의 허가를 얻어 수행(능동문과의 차이) → 완곡한 의지표현)).

何を 召し上がりますか

① 일본어 경어의 개요

일본어 경어의 종류
① 정중어 : ～です、～ます형
② 존경어 : 상대방을 높이는 표현 **예** 23p 표 참조
③ 겸양어 : 자신을 낮춤으로써 상대방을 높이는 표현 **예** おる, 申し上げる, いたす 등
④ 미화어 : お(ご) + 명사

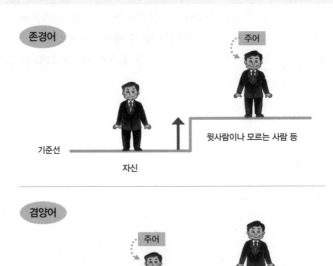

존경어
주어
윗사람이나 모르는 사람 등
기준선
자신

겸양어
주어
기준선
윗사람이나 모르는 사람 등
자신·자신의 그룹 사람

일본어는 한국어와 마찬가지로 발달된 경어체계를 갖고 있는 언어이다. 그러나 상하의 관계를 중시하는 한국어와는 달리 일본어는 안과 밖, 즉 内와 外의 관계가 경어 사용에 있어 하나의 기준이 된다(**예** 자신의 어머니를 다른 사람에게 소개할 때 「お母さん」이라 하지 않고 「母」라고 한다 → 상하관계보다는 内·外관계가 중시됨).
일본어의 경어는 크게 '정중어', '존경어', '겸양어', '미화어'의 4가지로 나눌 수 있다.
① 정중어(丁寧語)는 대화 상대자에 대해 경의를 표하는 말을 말한다(**예** です형, ます형, ～ござる).
② 존경어(尊敬語)는 대화의 상대자나 대화에 등장하는 인물, 혹은 그 인물에 관련된 사람이나 사물, 행위 등을 높여 경의를 나타내는 말을 말한다(**예** いらっしゃる(계시다, いる의 존경어), なさる(하시다, する의 존경어), おっしゃる(말씀하시다, 言う의 존경어) 등).

③ 겸양어(謙讓語)는 화자 자신과 관련된 사람, 사물, 행위 등을 낮춤으로써 대화 상대자에 대해
겸손을 나타내는 말을 말하는데(예) おる(있다, いる의 겸양어), いたす(하다, する의 겸양어),
申^{もう}す(말하다, 言う의 겸양어), 이러한 겸양어는 한국어에는 없는 형태이므로 주의한다.

④ 미화어(美化語)란 대화 상대자에 대한 경의를 나타내기보다는 정중하고 교양 있는 언어생활
을 하기 위해 사용되는 격식 있는 표현을 말한다(예) ご飯^{はん}, お水^{みず}, おそば 등). 이들은 주로 관습
적으로 사용되는 경향이 있으나 아래에서 다룰 「お(ご)~になる」「お(ご)~くださる」「お
(ご)~する」등과 같이 존경어 혹은 겸양어를 만들기 위해 인위적·의도적으로 사용되는 경우
도 있다(예) お書^かきに なる(쓰시다), ご検討^{けんとう}ください(검토해 주세요), お持^もちします((제가)
들겠습니다) 등).

② 존경표현Ⅰ「기본표현」

앞에서 설명한 바와 같이 존경어(尊敬語)란 대화의 상대자나 대화에 등장하는 인물, 혹은 그 인
물에 관련된 사람이나 사물, 행위 등을 높여 경의를 나타내는 말을 말한다. 일본어에는 다양한
존경표현이 있는데, 그 중 가장 대표적인 것이 동사를 바로 존경어로 바꾼 형태이다(예) いらっ
しゃる(계시다, いる의 존경어), なさる(하시다, する의 존경어), おっしゃる(말씀하시다, 言^い
う의 존경어) 등).

	존경표현
行^いく	いらっしゃる
	おいでに なる
来^くる	いらっしゃる
	おいでに なる
	お見^みえに なる
いる	いらっしゃる
する	なさる
言^いう	おっしゃる
見^みる	ご覧^{らん}に なる
食^たべる / 飲^のむ	召^めし上^あがる
知^しって いる	ご存知^{ぞんじ}だ
くれる	くださる

❸ 존경표현Ⅱ 「お(ご)～になる」

> お + 동사의 **ます**형 ⎤
> ご + 한어 명사　　 ⎦ + **になる**　～하시다

「お～になる」는 일본어의 존경표현 중의 하나로 접두어 「お」에는 동사의 「ます형」이 오며(예 お読みに なる(읽으시다)), 전체는 '～하시다'의 의미를 나타낸다(예 お書きに なる(쓰신다)).

❹ 존경표현Ⅲ 「お(ご)～ください」

> お + 동사의 **ます**형 ⎤
> ご + 한어 명사　　 ⎦ + **ください**　～하여 주세요

일본어의 존경표현 중에는 일반적인 「～てください」보다 존경의 의미가 강한 「お(ご)～ください」의 형태가 존재한다(예 お待ちください(기다려 주세요) / ご確認ください(확인해 주세요) 등). 접두사 「お」와 「ご」의 차이는 「お」의 경우 동사의 「ます형」이 오는 데 반해 「ご」는 한어 명사(주로 두 자로 구성된 한어 명사)가 온다는 점이다(예 お集まりください(모여 주세요) / ご注意ください(주의해 주세요)).

❺ 존경표현 Ⅳ 「동사의 수동형」

> 동사의 수동형은 존경표현으로도 사용함
>
> * 동사 수동형의 의미기능
> ① 수동 : 예 壁に 赤い ペンキが 塗られました。 벽에 빨간 페인트가 칠해졌습니다.
> ② 가능 : 단, 2류 동사에 한함 예 魚が 食べられます。 생선을 먹을 수 있습니다.
> ③ 존경표현 : 예 社長は 毎週 ゴルフを されます。 사장님은 매주 골프를 하십니다.

일본어에서는 위에서 다룬 다양한 존경표현 이외에도 동사의 수동형이 존경표현으로 사용될 수 있다(예 社長は マンションを 買われます(사장님은 맨션을 사십니다)). 일본어의 수동형은 순수한 ① 수동의 의미(예 風に 吹かれました(바람을 맞았습니다)) 이외에도 ② 가능(단 2류 동사에 한함, 예 魚が 食べられます(생선을 먹을 수 있습니다))과 ③ 존경(예 映画を よく 見られます(영화를 자주 보십니다))의 의미를 문맥·상황에 맞춰 나타낼 수 있다는 점에 주의한다. 참고로 모든 동사의 수동형이 존경의 의미를 나타내는 것은 아니며, 예를 들어 食べる의 수동형인 食べられる는 존경의 의미를 나타낼 수 없으므로 이 경우 めしあがる를 사용해야 한다. (예 O 社長が おすしを めしあがりました(사장님이 스시를 드셨습니다), X 社長が おすしを 食べられました)

この 資料を 拝見します

① 겸양표현Ⅰ「기본표현」

겸양어(謙讓語)란 화자 자신과 관련된 사람, 사물, 행위 등을 낮춤으로써 대화 상대자에 대해 겸손을 나타내는 말을 말한다. 일본어에는 다양한 겸양표현이 있는데 그중 가장 대표적인 것이 동사를 바로 겸양어로 바꾼 형태이다(예 おる(있다, いる의 겸양어), いたす(하다, する의 겸양어), 申す(말하다, 言う의 겸양어).

	겸양표현			겸양표현		겸양표현
行く / 来る	参る	言う	申し上げる	もらう	いただく
いる	おる		申す	あげる	差し上げる
する	いたす	食べる / 飲む	いただく	会う	お目に かかる
見る	拝見する	知って いる	存じて おる	聞く / 訪問する	伺う

② 겸양표현Ⅱ「お(ご)〜する」

お + 동사의 **ます형**
ご + 한어 명사 ┘ + **する** 〜하다

일본어의 겸양표현 중에는 「お〜する」와 「ご〜する」라는 형태가 있다(예 お持ちします((제가)들겠습니다 / ご案内します((제가) 안내하겠습니다)). 접두사 「お」와 「ご」의 차이는 「お」의 경우 동사의 「ます형」이 오는 데 반해 「ご」는 한어 명사가 온다는 점이다(예 お預かりします / ご相談します). 이때 뒤에 오는 「する」를 겸양형인 「いたす」로 바꾸어 보다 겸손한 의미를 나타낼 수 있다(예 お預かりいたします / ご相談いたします).

❸ 미화표현「お(ご) + 명사」

> **お** + 고유 일본어 명사
> **ご** + 한어 명사
> (의미) ① 상대방을 높일 때 **예** 先生からの お話
> ② 자신을 낮출 때 **예** ご相談したい ことが あります
> ③ 격식 있는 표현 **예** ご飯、お菓子、おトイレ、お花

미화어(美化語)란 대화 상대자에 대한 경의를 나타내기보다는 정중하고 교양 있는 언어생활을 하기 위해 사용되는 격식 있는 표현을 말한다. 명사가 고유 일본어 명사(やまとことば, **예** 菓子, 国 등)인 경우에는 「お」가(**예** お菓子, お国), 한어 명사(**예** 注意 등)인 경우에는 「ご」가 붙는다(**예** ご注意). 이러한 미화어를 활용한 미화표현은 위의 격식 있는 표현 이외에도 자신보다 상대방을 높일 때(**예** 先生からの お話(선생님으로부터의 말씀))나 자신을 낮춰 상대방을 높일 때에도 사용된다(**예** ご紹介します(소개해 드리겠습니다)).

❹ 정중표현「ございます」

> **あります → ございます**
> **～です → ～でございます**
> * 겸양표현이 아닌 점에 주의

일본어의 「ございます(ござる의 존경어)」는 「～ます」「～です」와 더불어 대표적인 정중표현 중의 하나이다(**예** トイレは こちらでございます(화장실은 이쪽입니다)). 단, 이때의 「ございます」는 경의의 대상이 그 앞에 오는 명사가 아닌 대화 상대자라는 점(**예** 地下に 駐車場が ございます(지하에 주차장이 있습니다 → 경의의 대상은 '주차장'이 아닌 대화 상대자))에서 자신을 낮추는 겸양표현 「ございます」(**예** 私は 学生で ございます(저는 학생입니다))와는 성격을 달리한다.

10

参加者には 記念品を 差し上げます

❶ 수수표현의 경어

> あげる → 差し上げる 드리다
> くれる → くださる 주시다
> もらう → いただく (삼가) 받다

일본어의 수수동사도 한국어의 경우처럼 경어 형태가 존재한다(**예** あげる(주다) / 差し上げる
(드리다), くれる(주다) / くださる(주시다), もらう(받다) / いただく(삼가 받다)). 존경표현인
「くださる」와 달리 「差し上げる」와 「いただく」는 겸양표현으로, 특히 「いただく」의 경우
한국어에는 존재하지 않는 형태이므로 주의한다(**예** 한국어에는 자신이 남으로부터 무엇인가를
'받는' 경우에 해당하는 경어는 없음. '받으시다'는 상대방 혹은 제3자가 받는 경우에 해당).

❷ 행위의 수수표현의 경어

> ～て あげる → ～て 差し上げる ～해 드리다
> ～て くれる → ～て くださる ～해 주시다
> ～て もらう → ～て いただく ～해 받다(～가 ～해 주다)

행위의 수수표현에 대해서도 경어표현이 존재한다(**예** ～てあげる / ～て差し上げる(~해 드
리다), ～てくれる / ～てくださる(～해 주시다), ～てもらう / ～ていただく(～해 주시다)).
이중 「～ていただく」는 뒤에서 다룰 '의뢰표현'과 '허가 요구표현' 등과 같은 다양한 경어표현
에서 사용되므로 주의한다(**예** (의뢰표현) お金を 貸して いただけませんか(돈을 빌려 주지 않
으시겠습니까? ＝ 돈을 빌릴 수 있을까요?), (허가 요구표현) 車を 使わせて いただけません
か(자동차를 쓰게 해 주시지 않겠습니까? ＝ 자동차를 써도 되겠습니까?)).

❸ 겸양표현을 사용한 의뢰표현

> ～て いただけませんか ～해 주시지 않겠습니까?

행위의 수수표현의 경어 형태인 「～ていただけませんか」는 상대방에게 정중한 의뢰를 할 때
주로 사용되는 표현이다(**예** もう少し 待って いただけませんか(조금만 더 기다려주시기 않
겠습니까?). 겸양표현을 사용한 의뢰표현 중에서 이보다 정중한 표현으로는 위에서 다룬 접두어
「お」「ご」를 활용한 「お(ご)＋동사의 ます형＋いただけませんか」가 있다(**예** 少々 お待ちい
ただけませんか).

❹ 겸양표현을 사용한 허가 요구표현

> **～(さ)せて いただけませんか** ～해도 괜찮겠습니까?
>
> * **～(さ)せて いただきます** ～하고자 합니다, ～하도록 하겠습니다
>
> (화자가 취할 행동에 대한 완곡한 의지표현)

의뢰표현 이외에 겸양표현을 사용한 표현 중 대표적인 것에는 「～(さ)せていただけますか」와 같은 허가 요구표현이 있다(📖 車を 使わせて いただけませんか(차를 쓰게 해 주시지 않겠습니까?). 이 외에도 사역형에 겸양표현인 「いただく」가 결합된 형태로는 「～(さ)せていただく」가 있는데, 이 표현은 7과에서 다룬 「～(さ)せてください」와 유사한 '의지표현'의 일종이라고 할 수 있으나, 상대방의 허락을 전제로 자신의 의지를 관철시킨다는 뉘앙스를 갖는다는 점에서 보다 '완곡한 의지표현'이라고 할 수 있다(📖 先に 帰らせて ください(먼저 돌아가게 해 주세요) / 先に 帰らせて いただきます((당신의 양해 하에) 먼저 돌아가도록 하겠습니다)).

일본어 마스터로 가는 새로운 길라잡이

2ND EDITION

2ND EDITION

다락원 뉴코스 일본어 STEP3 은

· 만화를 통한 다이나믹한 회화 ·
· 원포인트 해설과 연습문제를 통한 문법 이해 ·
· 다양한 게임을 통한 말하기와 쓰기 연습 ·
· 함께하는 말하기를 통해 실전 회화 능력 향상 ·